フィールド・レコーディング入門

——————響きのなかで世界と出会う

柳沢英輔＝著

フィルムアート社

Introduction to Field Recording

Eisuke Yanagisawa

目次

凡例

・書籍・アルバム・映像作品は『　』、曲は〈　〉、団体・論文は「　」で示した。
・英語文献・資料から引用した文章の翻訳は、断りがない限りすべて筆者による。
・フィールド・レコーディングと関わりの深い人物に限り、人名のスペルと生没年（不明の場合は割愛）を補った。
・本書掲載の写真は出典の記載があるものを除き、すべて筆者が撮影したものである。

まえがき

近年、フィールド・レコーディングという言葉を目にする機会が増えてきた。例えば、インターネットで「フィールド・レコーディング」と検索すると、多くの作品やアーティスト、機材の情報などが見つかる。またSNS上では実際にフィールド・レコーディングを実践している人たちがさまざまな情報を交換している。

こうした背景には、二一世紀に入り小型軽量で廉価なハンディレコーダーが登場し、誰もが手軽に高品質な録音をおこなうことができるようになったという環境の変化が挙げられるだろう。また、ハイレゾを謳《うた》うポータブルオーディオ機器が一般的になり、家電量販店でもイヤフォンやヘッドフォン、デジタルオーディオプレイヤーの高級機種をよく見かけるようになった。さらに、テレビでは身の周りの音をキャラクター化した子供向けのアニメや地域固有の音を紹介する番組が放送され、ユーチューブでは自然・環境音の動画や音フェチ、ASMRといった物音や声に焦点を当てた動画が多くのアクセスを集めている。視覚的な情報が氾濫する現代社会において、「音」や「聴くこと」への関心が徐々に高まりつつあるようだ。

本書執筆の動機は、このように社会的な関心が高まるなかで、これまでまとまった形で紹介されることがなかったフィールド・レコーディングの実践について、多様な側面からその魅力を伝えたいと思ったことにある。

一般にフィールド・レコーディングという言葉から多くの人が連想するのは、ネイチャー・レコーディングではないだろうか。すなわち、川のせせらぎや野鳥のさえずり、波が浜辺に打ち寄せる音など野外の自然音を録音することである。そして、それらの音は「癒し」、「ヒーリング」、「リラクゼーション」といった言葉と結びつけられることが多い。しかし、フィールド・レコーディングの対象となるのは野外の音や自然音に限らない。屋内を含めたあらゆる場所や空間が「フィールド」となりうる。また自然音には、「癒し」という効能的な側面にとどまらない、多様な感覚やイメージを喚起する力がある。

また近年、いわゆる「音楽」の制作プロセスのなかでフィールド・レコーディングをおこなう人も増えているようだ。例えば、ドローン・ミュージック、アンビエント・ミュージックと呼ばれるような音楽は、楽器音や声だけでなく、自然・環境音や物音を録音し、それらを加工・ミックスして制作されることがある。音のテクスチャー、偶然性といったことへの関心から環境の音を録音し、それらの音を素材として「音楽」を制作することは動機として共感できる。他方で、フィールド・レコーディングには響きとしての面白さだけでなく、例えば、その音が生じる場所の歴史や生態環境、録音者の視点といった文脈が録音内容と結びついている。しかし、そうした側面が語られることは少ない。

筆者にとってフィールド・レコーディングとは、マイクロフォンを通して場所や空間の響きを観察し、記録する行為である。視覚的に捉えられがちな身の周りの環境やモノをさまざまなマイクロフォンを通して聴覚的に観察してみると、想像もしないような姿が現れることがある。身の周りの環境を録音機器というテクノロジーを通して観察・記録し、記録した音を聴くという実践を繰り返すことで、我々の身体と環境との関わり方や環境に対する認識そのものが変わっていくかもしれない。それはありふれた日常が驚きをもって再発見されるようなスリリングで刺激的な体験である。

さらに、フィールド・レコーディングは音を録るという実践だけでなく、録音物として聴かれることで、リスナーの多様な感情、身体経験、記憶と結びつき、聴く主体によって異なる「風景」や「イメージ」、「物語」を描いていく。このように録音物がリスナーにさまざまなイメージを喚起させる力を持っている点もその魅力のひとつだろう。本書では本文中および巻末の付録において、多様な視点、方法に基づくフィールド・レコーディング作品を紹介しており、その奥深い世界へ読者を誘うガイドとしての役割も果たしている。さまざまなフィールド・レコーディング作品を聴くことで、そこからどのようなイメージが喚起され、風景や物語が描かれていくのかをぜひ体感してほしい。

本書の目的は、音や聴くことに関わる研究・芸術実践としてのフィールド・レコーディングの方法や可能性、魅力をさまざまな側面から紹介することにある。本書が身の周りの環境や場所、モノに対する新たな視点を提供し、「世界」に対する想像をめぐらすきっかけのひとつになれば嬉しい。

本書で紹介した音源は下記のウェブサイトで聴くことができます。
URL：http://www.kaminotane.com/2022/04/01/19378/

音源2-1　〈Frogs in a Shrine〉『Scenery of Water』（Gruenrekorder 2009）
音源2-2　〈Suikinkutsu〉『Into the Cave』（licht-ung 2012）
音源2-3　〈Inside a Pipe〉『Hodokeru Mimi』（901 Editions 2019）
音源2-4　〈Old Camellia Tree〉『Path of the Wind』（Gruenrekorder 2018）
音源3-1　〈Bamboo Fiddle With Mouth Resonator (K'ni)〉『Music of the Bahnar People from the Central Highlands of Vietnam』（Sublime Frequencies 2016）
音源3-2　〈Bahnar Easter〉『Music of the Bahnar People from the Central Highlands of Vietnam』（Sublime Frequencies 2016）
音源3-3　〈Gong Playing In Funeral #1〉『Music of the Bahnar People from the Central Highlands of Vietnam』（Sublime Frequencies 2016）
音源4-1　〈みずのなかに〉『うみなりとなり Soundscape of Minamidaito Island』（Otobin 2018）
音源4-2　〈Street Light#1〉『Ultrasonic Scapes』（Gruenrekorder 2009）
音源4-3　〈Bat Calls〉『Ultrasonic Scapes』（Gruenrekorder 2009）
音源5-1　〈海鳴り〉『うみなりとなり　Soundscape of Minamidaito Island』（Otobin 2018）
音源5-2　〈種切りとハーベスター〉『うみなりとなり Soundscape of Minamidaito Island』（Otobin 2018）

第１章

フィールド・レコーディングとは何か

フィールド・レコーディング（field recording）とは、広義には、レコーディング・スタジオ以外のさまざまな場所で音や音楽を録音する行為であり、またその録音物のことを指す。フィールド・レコーディングは、民族音楽学、民俗学、文化人類学、音響生態学、生物音響学をはじめとする学術分野の研究手法／成果物であるとともに、音楽・音響作品の制作、映画やテレビ、ラジオ番組、現代美術における作品制作などにおいて幅広くおこなわれてきた。そして、世界各地の音楽、サウンドスケープ[1]を収録した作品から、より実験的、コンセプチュアルな作品までさまざまなフィールド・レコーディングがCDやレコードなどの形でリリースされ、ギャラリーや美術館における展示、ライヴパフォーマンスなどに用いられてきた。また大英図書館音響アーカイヴのように録音物を収集・保存する施設には多くのフィールド・レコーディング音源が収蔵されており、デジタル化された一部の音源がウェブ上で公開されていることもある。またサウンドマップと呼ばれる地図と録音を組み合わせたオンラインのサウンドアーカイヴも近年増えている。

ここで最初に、私の研究／制作活動におけるフィールド・レコーディングの位置づけについて簡単に記しておきたい。私はこれまで主にベトナム中部高原で先住山岳少数民族が儀礼・祭礼の際に演奏する金属打楽器ゴングをめぐる音の文化（以下、ゴング文化）について研究をおこなってきた。また同時にさまざまな場所や空間の特徴的な響きに焦点を当てたフィールド・レコーディング作品を制作し、国内外の音楽レーベルから出版してきた。この二つの活動は、一見すると学術研究とアートという異なる領域に属する活動のように見えるかもしれない。しかし、対象が（音楽を含む）文化の音であれ、環境の音であれ、その土地や場所に根差した固有の響きに関心がある点で共通していると私は考えている。そして、後の章で述べるように、これまでおこなってきた研究プロジェクトの成果は、論文や書籍だけでなく、録音作品、映像作品、展示やワークショップなどの形でも公表してきた。

つまり、研究と作品制作を異なる領域の活動として捉えるのではなく、むしろそれらを積極的に混淆《こんこう》させることで他者との協働・対話の場を作りだそうとしたり、研究成果やプロセスを社会と共有しようとしたり、新たな調査・研究手法を開拓しようとしたりしてきたのである。私にとってそのような活動の核となる実践がフィールド・レコーディングである。

後に詳しく述べていくが、フィールド・レコーディング作家にはさまざまなバックグラウンドがある。例えば、文化人類学、音響生態学など学術的な視点から作品を制作する作家もいれば、サウンドアートや音楽の文脈から作品を制作する作家もいる。またそれらの文脈も固定的なものではなく、ひとつの作品のなかでも複数の視点が交差し、混ざり合っていることがある。このように、ある作品がどのような視点から制作されているのか、どのような文脈に位置付けられるのかを考えながら作品に触れてみるのもよいだろう。

本書の視点

フィールド・レコーディング作家にさまざまなバックグラウンドがあるように、フィールド・レコーディングの対象となる音もさまざまである。それはいわゆる音楽や環境音だけでなく、また人間に通常聞こえる範囲の「音」にもとどまらない。例えば、超音波や固体の振動、水中音のように人間には物理的に聞くことが難しい音や振動などが含まれる。フィールド・レコーディングがそのような音や振動を対象とするようになったのは、テクノロジーの進化によって人間には聞こえない響きを比較的容易に捉えることができるようになったという技術的な背景がある。その結果、そうした「隠れた響き」に対する人々の知的好奇心が増し、そこに美的な側面を見いだすようになったのである。それは、録音という行為を通じてさまざまな環境と向き合うなかで、人間中心的な世界の捉え方から離れていった結果とも言えるかもしれない。このような録音の実践についても具体的な作品を挙げて紹介していく。

そして、しばしば誤解されるのだが、フィールド・レコーディングは録音者の主観が介在しない客観的、中立的、匿名的な音の記録などではない。録音者は無色透明な存在ではありえず、録音対象にさまざまな形で影響を及ぼしうる存在である。あらゆる録音物は、録音プロセスにおける録音者のさまざまな「選択」、「操作」を通して産み出される。そうした選択を通して、たとえ意図せずとも、録音者の視点や思想、価値観、嗜好、録音者と対象との関係性などが録音内容に反映されるのである。つまり、フィールド・レコーディングは、録音というプロセスを通して録音者の身体と対象との関係性が不断に再構築されていくような相互的、関係的な実践である。それはマイクロフォンを通して「世界」をまなざし、物語り、再発見していく実験的、創造的な行為であり、その録音を聴く者もまた、記録された音を通して「世界」に対する新たな視座が得られるような、可能性と発見に満ちた実践なのである。

フィールド・レコーディングは、学術、音楽、映画、アートなどさまざまな分野の手法として用いられてきたが、それ自体に焦点が当てられることは少なく、多様な実践を包括的に紹介する書籍もこれまで存在しなかった。本書では、自然音、環境音、音楽までさまざまな録音対象を事例として扱い、また録音機材や方法などのテクニカルな側面にも触れるが、特定の音／音楽をいかに「高音質」に、「忠実」に、「正確」に録音するかというようなノウハウやメソッドを紹介することに主眼を置いていない。そもそも何が「良い」録音で、何が「悪い」録音なのかというのは、「音質」や「忠実性」あるいは「再現性」などの観点からのみ決められるものではないと私は考えるからだ。フィールド・レコーディングは、むしろそうした良し悪しの基準自体を問い直し、音や音楽、聴くこと、身体、場所、風景などさまざまな事柄について経験的、再帰的に考えさせるような実践として意義がある。本書では、私がこれまでに関わったプロジェクトや他のアーティストの作品などを事例にしながら、フィールド・レコーディングの実践の多様性と奥行きを示したい。

フィールド・レコーディングとの出会い

最初の例として、私がフィールド・レコーディングに興味を持つきっかけとなった体験について紹介しよう。二〇〇一年頃、当時大学生だった私は「キム（khim）」と呼ばれるタイの伝統的な打弦楽器を東京で習っていて、大学の夏休みにその先生のお母様（タイ伝統楽器の著名な奏者）が住んでいるバンコクに二週間ほど演奏を習いに行った。その楽器は、西洋の五線譜とは異なる独自の楽譜はあったが、基本的には先生の演奏を見て、聴いて、それを真似ることで曲を覚えていくというものであった。私は帰国してからも教わった曲を練習できるように、滞在中、録音可能なMDウォークマンに安物のマイクを接続して先生の演奏を録音していた。

そして日本に帰国し、その録音を聴いてみて驚いた。楽器の演奏音だけを録音していたつもりだったが、演奏音の背景にその場のさまざまな環境音が意図せず入っていたのである。練習（録音）場所はその先生が音楽教師として働いていた小学校の教室であった。八月のバンコクは雨季で蒸し暑く、教室にはクーラーがないため、天井に備え付けられたファンが勢いよく回り、ドアや窓は開け放たれていた。そのため録音には屋外の交通音や鳥の声、隣のクラスの先生や生徒の声などさまざまな音が入っていた。そして、それらの環境音が、その場の風景、雰囲気、空気感、匂い、当時の自分の感情や体調といった記憶やイメージを喚起することに気づき、驚いたのである。録音を聴くと、まるでその時、その場所に戻ったかのようだった。これは写真のような視覚的な記録からはあまり感じられない感覚であった。この時、場所の響きを録音すること、そしてその録音を聴くことの面白さを初めて実感したのである。

その後、インターネットでフィールド・レコーディングについて調べているとバイノーラル録音というものに出会った。バイノーラル録音とは、ダミーヘッド（マネキンの頭）や人の両耳内に無指向性（全方位の音を同等に拾う）のマイクロフォンを取り付けて録音するステレオ録音の方法のことである。バイノーラル録音の音源をヘッドフォンやイヤフォンで聴くと、まるでその場所にいるかのような立体的な音が再生される。実際にインターネット上でバイノーラル録音を公開しているアーティストの音源を聴いて、これは面白そうだなと思ったのである。それで早速、自分の耳に装着して使うことができるバイノーラルマイクを海外のウェブサイトから購入して録音してみることにした（**写真1-1**）。

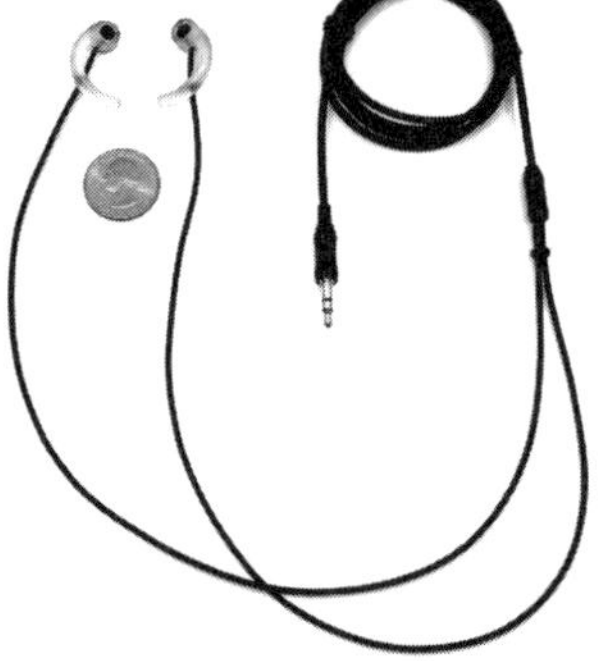

写真1-1：Sound Professionals社のバイノーラルマイク
（出典：Sound Professionals社公式サイト）

最初にやってみたのがバイノーラルマイクを装着して家の近所を散歩しながら録音するというものだった。家を出てから商店街を抜けて、少し遠くの公園までバイノーラルマイクを耳につけたまま歩いていく。家に帰って録音した音を聴いてみると、その情報量の多さに驚く。まず玄関のドアを開けたときに気圧の変化と空間が一気に広がる様子が録音された音からはっきりと感じられた。そして普段耳で聞いている音とマイクが拾う音の違いに気づいた。日常生活で我々は周囲の雑多な音のなかから脳内で自動的に選別された音を無意識のうちに聞いている。例えば、カクテルパーティー効果として知られるように、沢山の人の話し声が飛び交う空間のなかでも、会話する相手の声など自分にとって意味のある音は自然に聞き取ることができる。しかし、マイクロフォンは当然ながらそうした選別をおこなわない。マイクロフォンは我々の日常生活で意識しないような雑多な音もくまなく拾うため、普段耳に聞こえる音とは情報量がまったく異なるのである。この人間の耳に聞こえる音とマイクロフォンが拾う音が根本的に異なるということが私にとって重要な発見であった。

表現行為としての録音

それからは、とくに旅行などで見知らぬ土地に行くとき、バイノーラルマイクとハンディレコーダーを持っていくようになった。旅先でスナップ写真を撮るようにその場所の音を録る。録音を後で聴くとその時の記憶や風景が何度でも蘇ってくる。もちろん時間が経つにつれて記憶は変化していくし、そもそも音が喚起するイメージは常に漠然としていて摑みどころがない。したがって、正確に言えば、それは記憶の再現というより、再体験に近いものだろう。そして自分で録音した音を聴くということは、私という録音者自身の身体や記憶と結びついた極めてパーソナルな体験である。しかし、その録音を他の人が聴いたらどのように感じるだろう、その人の記憶と結びついてどのような風景やイメージが喚起されるのだろう。そんなことにも興味を持った。

そして、同じ録音対象、場所でもマイクロフォンの種類やその設置方法、設置箇所によってまったく異なる音の響きが記録されることにも興味を持つようになった。さまざまなマイクロフォンを通して場所や空間の響きをじっくり観察すると、それぞれの場所や空間には特徴的な響きがあることに気づく。多種多様な音が空間に響き、重なり合い、消えていく。そうした捉えどころのない、偶発的な響きの美しさに魅了されていった。また音色の周期的な変化に旋律らしさを聴き取ったり、音の揺らぎや反復にグルーヴやリズムを感じたり、環境音の持つある種の音楽的な側面に惹きつけられることもあった。つまり、日常のありふれたモノや場所にさまざまなマイクを向けてその響きを「観察する」行為を通して、場所やモノの異なる姿、位相が見いだされていくことに面白さを感じたのである。

さらに自分の録音体験やさまざまなアーティストが発表していたフィールド・レコーディング作品を通して、フィールド・レコーディングが写真と同じように録音者の視点からある特定の「場所」や「風景」を描写する表現行為であり、録音された音はそれ自体で「作品」足りうると考えるようになった。それは例えば、録音された音に必要最低限の加工や編集しか加えない非加工のフィールド・レコーディング作品でも、その作家のまなざしのようなものが複数の異なる作品に共通して感じられることに気づいたからである。つまり、現場の音をドキュメントとしていかに

「忠実」に記録するかという方向から、特定の機材を介した「私」の視点を通してその場の響きをいかに「観察」し、「描写」することができるかという方向に関心が向かっていったのである。

環境の音を素材に音楽・音響作品を制作することは多くのアーティストがおこなっていたが、自分自身はあまり関心が向かなかった。録音した音をパソコン上で編集・加工するポスト・プロダクションを中心に「作品」を制作することよりも、現場で録音機材を介して試行錯誤しながら場所と対峙するプロセスそのものから生み出されるものとその可能性により興味を持ったのである。

フィールド・レコーディングとは何か

さて、ここまで私とフィールド・レコーディングとの出会いと関心の変遷について述べてきた。それではフィールド・レコーディングとは一体何を指すのだろうか？　本章の冒頭では広義の定義、レコーディング・スタジオ以外の場所での録音と述べたが、本節ではこの言葉の意味するところを少し掘り下げて考えてみたい。なおここでの議論は、次章以降のフィールド・レコーディングの具体的な実践をよりよく理解するために私自身の考え方を示すものとして捉えていただきたい。したがって、フィールド・レコーディングとは何かについて一般的な結論をだすためにおこなうものではないということをあらかじめ断っておきたい。

フィールド・レコーディングの「レコーディング（recording）」とは、録音という「行為」と「録音された音（録音物）」の二つを指しており、ここには議論の余地はないだろう。ではフィールド・レコーディングの「フィールド（field）」とは何か？

まず、録音がおこなわれる具体的な「フィールド」は一般的に考えられているような「屋外」「野外」に限らない。身の周りのさまざまな場所で音を録ることもフィールド・レコーディングと呼びうることをまず押さえておきたい。例えば、今この原稿を書いている喫茶店内では、接客する店員の声、レジを打つ音、コーヒーを入れるエスプレッソ・マシーンの音、グラスを洗う音、客の話し声、足音、ストローでアイスコーヒーをすする音、外の交通音、空調の音、店内に流れるBGM、自動ドアの開閉音、そして、私がコンピューターのキーボードを打つ音など実にさまざまな音が聞こえる。そしてそれらの音は絶えず生成、消滅を繰り返しながら流動的にその場の総体的な響きを作っている。つまり、屋内という「フィールド」であってもその場所、空間特有の響きというものがあり、それらの音を録音することもフィールド・レコーディングと言えるということだ。例えば、科学実験室、工場、博物館などさまざまな屋内環境を「フィールド」としてフィールド・レコーディング作品が制作されている。

ではコンサートホールはどうだろうか？　厳密な定義があるわけではないが、コンサートホールでバンドやオーケストラの演奏を録音することは一般的にはフィールド・レコーディングとは呼ばないだろう。しかし、例えば、それが教会でミサを録音することになると、それはフィールド・レコーディングと呼びうるかもしれない。また第3章で述べるように、東南アジアの村落の民家や高床式の集会場のなかで、彼／彼女らの伝統的なうたや楽器演奏を録音することはフィールド・レコーディングと呼べるだろう。

ではレコーディング・スタジオやコンサートホールで音楽を録音することと、民家などで音楽を録音することの違いとは何か。それは意図しない屋外の環境音が入ることを録音者や演奏者が許容しているかどうか、そしてその場所や空間に固有の響きがあるかどうかではないだろうか。レコーディング・スタジオやコンサートホールというのは基本的に楽音（楽器の演奏音、歌手の声）以外の音が聞こえないことが理想とされる密閉された空間で、防振材や吸音材などによって音の響きがコントロールされ、均質化されている。[2] 一方、音の響きがコントロールされていない場所や空間（つまり普段我々が暮らしている空間）にはそれぞれ特徴的な響きがあり、また音の侵入・流出が壁や窓などの物理的な境界を超えて発生し、またそれらは時間、状況に応じて刻々と変化し続けている。ある録音行為がフィールド・レコーディングと呼びうるかどうかは、その録音がおこなわれる場所や空間の持つ響きが人為的にコントロールされず、常に変化を有している点にあるとひとまず言えるだろう。

ただしレコーディング・スタジオでも、楽器演奏ではなく、例えばスタジオに設置されているアンプなどさまざまな機材から漏れるノイズに着目して録音する場合、それはその空間固有の響きに焦点を当てて録音していると考えられるため、フィールド・レコーディングと言えるかもしれない。また、例えばビートルズやピンク・フロイドをはじめとする数々の著名なアーティストが愛用したことで知られるアビー・ロード・スタジオで「音楽」を録音するとしよう。その録音物には「アビー・ロード・スタジオ」という場所が持つ固有の歴史が響きとして反映されていると考えることもできるだろう。またリスナーも「アビー・ロード・スタジオ」でレコーディングされた音としてその録音物を聴けば、その「音楽」自体の聞こえ方も変わってくるかもしれない。このように考えていくと、たとえスタジオ録音であってもその場所の文脈と音が結びついていると考えることもできる。つまり、スタジオを含めてあらゆる場所や空間をフィールド・レコーディングの「フィールド」として捉えることは可能であるということだ。言い換えれば、あらゆる録音はフィールド・レコーディングでもありうるということになる[3]。そして、それは録音がおこなわれる物理的な環境の問題だけでなく、録音者やリスナーの意識の向け方の問題でもあるということだ。

以上は「行為」の面からフィールド・レコーディングについて考えてみた。では「録音物」としてのフィールド・レコーディングはどのように捉えられるだろうか。近年、フィールド・レコーディングは実験的な音楽のジャンルとして認識されるようになっており、そうした音楽を扱うレコード・ショップでは、「フィールド・レコーディング」というジャンル名が付された棚があることも多い。その棚には、いわゆる「非加工」のフィールド・レコーディング作品だけでなく、フィールド・レコーディングを素材として（さらに楽器音や声と組合わせて）制作されるさまざまな音楽・音響作品が置かれていることもある。[4]

一般にフィールド・レコーディングと呼ばれるものを語るとき、この加工／非加工が意識されることが多い。しかし、録音とはそもそも、空気をはじめとする媒質の振動を特定のマイクロフォンを用いて電気信号に変換し、（デジタル録音の場合）さらに標本化と量子化、符号化をおこなって記録する行為であるので、録音行為それ自体もある種の「加工」であると言える。また後述するように、録音者が録音プロセスのなかでおこなうあらゆる主観的な「選択」や、録音対象に対する「介入」、「操作」がスタジオにおける録音、編集作業と同じような意味を持っているとも考えられるし、「非加工」と呼ばれうる作品でも作品化する上で時間を区切ったり、特定のメディアに変換したりなど、一定の編集作業は当然おこなわれている。したがって録音物としてのフィールド・レコーディングを考える上で「加工／非加工」という枠組み自体がそもそも意味を成さないようにも思われる。

では環境の音を録音し、ポスト・プロセシングやミックスなどの「加工」を極力していない作品と、環境音をさまざまなエフェクトを用いてその長さを引き伸ばしたり、異なる複数の音を重ね合わせたりして制作した音楽（音響）作品を同じ「フィールド・レコーディング」として捉えて良いのだろうか。例えば、東南アジアやアフリカの森の環境音を収録した作品と、それらの音を加工したドローン・ミュージックのような音楽作品を同じ「フィールド・レコーディング」と見做せるだろうか。もし見做せるとするならば、それは、加工の度合い、例えばリスナーが元の音源を認識できるかどうかが基準となるのだろうか。あるいは、作品としての提示の仕方や作品が公開されるメディアや形式、制度に関わる問題なのだろうか。[5] もちろんこうした問いに誰もが納得できるような答えを提示することは困難である。それはここまで用いてきた「フィールド・レコーディング」、「音楽」、「作品」、「加工」それぞれの用語をどのように捉え、定義するかが人によって異なるからでもある。では、この問題は考えるに値しないのだろうか？

場所の固有性

次に別の方向からもう少しこの問題を考えてみたい。フィールド・レコーディングはしばしば「場所の固有性（Site-specifity）」と結びつけて語られる。それはフィールド・レコーディングが現実にあるどこかの場所や空間の響きを録音する行為であるからだ。しかし、思考家の佐々木敦によれば、フィールド・レコーディングの特徴は、「場所の固有性」というよりも、「機会の固有性(Chance-specifity)」にあるという。それは、たとえ同じ場所で同じように録音したとしても、録音される音は決して同じではないという理由からの指摘である。もちろん、どのような場所でどのような音を録音するにせよ、(無響室など特殊な空間を除いて)その場所で聞こえる音は常に変化し続けており、かつそれらの音はコントロールすることができないため、まったく同じ音を複数回録音することは原理的に不可能である。そして、佐々木がこの指摘の延長で述べている「或るフィールド・レコーディングは、もしかしたらそれらの代わりに録音されていたかもしれない無数の「機会」を可能性の束として潜在させている」[6]というのもフィールド・レコーディングを語るうえで見過ごされていた視点である。

これらの議論を踏まえた上で、私が考えるフィールド・レコーディングにおける「場所の固有性」とは、同じ条件であれば同じような音が録音できるということ、つまり録音内容の再現性のことではなく、その場所が持つ文脈(例えば、物理的、生態的、歴史的、社会的、政治的な文脈)がそこでおこなわれる録音内容と常に結びついているという意味で捉えている。そのように考えると、フィールド・レコーディングは「場所の固有性」を内包した行為であり、場所性と切り離して考えることは難しいように思われる。そして、先ほどの加工/非加工の話に戻ると、やや抽象的な表現になるが、「場所の固有性」に対する敬意や愛着、必然性のようなものが感じられるような作品は、それが「加工」されたものであったとしても、「フィールド・レコーディング」と呼びうると私は考える。

ところで、これまでの記述のなかでは議論を煩雑にしないために「場所」や「空間」という言葉をあえて定義せずに使ってきた。「場所」や「空間」の概念は、哲学、人文地理学、人類学、社会学、物理学、数学などさまざまな学術分野において広範に論じられてきたテーマであり、本書のなかでそれらの議論を個別に紹介し、検討することは難しい。本書ではひとまずこれ以降は、「場所」を人々の価値観や付与された意味によって規定される環境、「空間」を均質で誰にとっても同じ大きさの立方体として把握される環境と定義することにする。[7] つまり、「場所」は人々の経験、価値観、記憶、アイデンティティなどと結びついた個別具体的な環境のこと、「空間」はそうした意味を持たない物理的な環境のこととして捉える。フィールド・レコーディングは常に人と環境との関わりにおいておこなわれるという意味では「場所」という概念が重要であるように思われるが、とくに環境の物理的な側面(例えば、広さ、大きさ、材質、反響など)に注意を向けて説明したいときは「空間」という語も文脈に応じて用いることにする。

フィールド・レコーディングの目的

次に、フィールド・レコーディングをその目的から分類してみたい。もちろんフィールド・レコーディングはそれ自体が刺激的で創造的な実践であるから、必ずしも特定の目的の下でおこなわれるというわけではない。しかし、ここではフィールド・レコーディングの歴史的な背景や多くの分野でおこなわれていることを示すためにあえて下記のように分類してみたい。以下、①学術、②音楽・アート、③映画・放送、④その他、に分けてその内容を説明する。

①**学術**　例えば、民族音楽学者による世界各地のうたや音楽の録音、人類学者、民俗学者、社会学者によるオーラル・ヒストリーや語りの録音、鳥類学者による鳥の声の録音、生物音響学者による生物の発する音の録音、生態音響学者によるサウンドスケープの録音などが挙げられる。学術的な目的でのフィールド・レコーディングに共通するのは、フィールドワークの一環として録音がおこなわれること、そして録音した音が何らかの形で分析、テキスト化され研究に役立てられるということである。例えば、うたや音楽の録音をもとに五線譜などの楽譜が作成されてその楽曲構造が分析される、語りやオーラル・ヒストリーの録音は文字

起こしされることで論文などのデータとなる、鳥や蛙の声、サウンドスケープの録音は周波数スペクトルの解析などによりその特徴が視覚的、定量的に分析されるなどである。また一九世紀末〜二〇世紀初頭には学術的な録音アーカイヴがウィーンやベルリンに誕生し、世界各地の諸言語・音楽などを対象として、フィールド・レコーディング音源が収集・保存されていく。

②

音楽・アート　一九四〇年代後半にフランスの作曲家ピエール・シェフェールが始めたミュージック・コンクレート（具体音楽）から現代のポピュラー音楽、実験的・先端的な音楽まで、自然音・環境音・物音は、録音、編集・加工されて、楽曲や演奏の素材として用いられてきた。とくに二〇世紀に入り音楽の制作がデジタル環境に移行してから、身近な音を楽曲の素材として活用することが個人レベルでも容易になった。また公共空間の音、ゲームや映画、舞台音響、工業製品などの効果音やBGMなどを作るサウンドデザインの分野、また音を素材として扱う現代美術の分野でもフィールド・レコーディングは広くおこなわれている。例えば、サウンドアートやメディアアートの展示あるいは公共空間のサウンドデザインにおいて、編集・加工された環境音、物音、声がスピーカーなどの装置から再生される。このように、フィールド・レコーディングは日常生活のなかで耳にするあらゆる商業的／非商業的な音楽や音のなかに遍在している。

③**映画・放送**　映画、テレビ、ラジオなどの放送番組における音の収録においてフィールド・レコーディングがおこなわれてきた。[8]映画の音を例にすれば、声（セリフ）、効果音、音楽に大別した場合、それらの音のいずれにもフィールド・レコーディングが含まれている可能性がある。例えば、屋外の撮影では、俳優の声をガンマイクで拾ったり、その場の環境音（アンビエンス）を無指向性マイクで収録したり、効果音用にさまざまな物音や動物の鳴き声などを録音したりすることがある。ただし映画の効果音は、ドキュメンタリー映画を除いて、撮影現場での同時録音（フィールド・レコーディング）の音ではなく、スタジオ内でさまざまな小道具を駆使してシーンに合う音を出し、それをコンピューターで編集・加工して作られる「フォーリーサウンド」が使われることも多い。

またテレビやラジオ番組でも、報道、ドキュメンタリー、バラエティー、スポーツ、ドラマなどジャンルを問わず野外録音がおこなわれている。それから世界各地のラジオ放送局では自然・環境音を中心に放送する番組があり、国内でも地域固有の音を紹介するテレビ番組（日本テレビ「音のソノリティ」）やラジオ番組（NHKラジオ「音の風景」、文化放送「朝の小鳥」など）がある。[9]

④ **その他**

最後に、①〜③に分類できないものをいくつか挙げてみる。日本では一九七〇年代にオーディオ愛好家がテープレコーダーを担いで野外のさまざまな音を録音する「生録《なまろく》」と呼ばれる趣味が流行した。当時は、生録専門の雑誌や書籍が刊行され、生録をテーマとしたラジオ番組もあり、ソニーやオーディオユニオンといった企業が主催する生録コンテストもおこなわれていた。[10] 現在でも、例えば、野鳥録音は、野鳥撮影ほど一般的ではないにせよ、専門の書籍もあり、一定の人気がある。また電車の発車メロディやベル、車内放送、駅構内のアナウンスや各車両内の走行音、モーター音などを録音して楽しむ人達を「録《と》り鉄」あるいは「音鉄《おとてつ》」と呼ぶ。こちらもウェブサイトや書籍があるように一定の愛好者がいると思われる。他にも、効果音の収集、日常、旅先、特定のイベントの録音、楽器演奏をさまざまな場所で録音するなど色々な目的があるだろう。

以上のように分類はしてみたが、重要なのはこれらの目的はそれぞれに排他的なものではなく、例えば学術的なプロジェクトであってもしばしばその範囲が重なり合っているということである。その先駆的な例として、一九七〇年代初頭に、カナダでサウンドスケープの概念を提唱したマリー・シェーファー（Raymond Murray Schafer 一九三三－二〇二一）を中心におこなわれた「Vancouver Soundscape Project」（以下、ＶＳＰ）を紹介したい。

ＶＳＰは一九六〇年代末に結成された「World Soundscape Project」（以下、ＷＳＰ）における最初のフィールドスタディ（現地調査）がおこなわれたプロジェクトである。ＷＳＰは都市化により増大する騒音が世界各地の音環境を急速に変化させていることに危機感を抱いたシェーファーとその仲間たち（作曲家や学生）によって結成された教育・研究グループである。ＶＳＰでは、一九七二年頃から都市化により変わりゆくバンクーバーのサウンドスケープをフィールド・レコーディングなどの手法を用いて調査し、翌年にはカナダ全土のサウンドスケープ調査をおこなった。そしてその成果は、二枚組のＬＰレコード『The Vancouver Soundscape』（Ensemble Productions Ltd. 一九七三）と同名の調査報告書（Simon Fraser University 一九七三）の出版、ラジオ番組における放送、現代音楽のコンサート・シリーズへの楽曲提供という形で公表されたのである。

このようにフィールド・レコーディングを調査手法として用いる学術的なプロジェクトの成果が、論文や学術的な報告書に加えて（あるいはそれに代わって）、音楽作品やアート作品、ラジオ放送、インスタレーション、パフォーマンス、ワークショップなど一般社会により広がりのあるメディアを通して公表されることは珍しいことではない。むしろそうした混淆性、領域横断性にこそ、その特徴がある。

フィールド・レコーディングの歴史

本章の最後に、フィールド・レコーディングの歴史について紹介したい。ただし、西洋音楽史や東洋美術史のように時代区分に即して編年体で代表的な作家や作品を挙げることは難しいだろう。それはフィールド・レコーディングが常に何らかのジャンルの周縁あるいは境界領域に位置付けられていたからであり、またそのジャンルが先述したように学術、アート、音楽、映画など多岐にわたるからである。したがって、以下に述べる歴史は、フィールド・レコーディングという実践の主要な作家や作品、出来事を網羅的に取り上げたものではなく、さまざまなジャンルにまたがるフィールド・レコーディングの実践とその歴史的な変遷の一部について、断片的に記述したものに過ぎないということを理解して読んでいただきたい。

蓄音機の登場

まず録音技術の初期の歴史について簡単に振り返ってみる。一八七七年、トーマス・エジソンが発明したフォノグラフ（蓄音機）によって歴史上初めて音の記録（録音）と再生が可能となった。[11]

最初期のフォノグラフは、記録媒体である錫箔《すずはく》を巻き付けた金属製の円筒を本体に取り付け、クランクを一定の速度で手動で回転させるとともに、マウスピース型の集音ホーンに声などを吹き込むことでホーンの末端にある振動膜を振動させ、振動膜に付けた針が錫箔に接触することで縦揺れの溝を痕跡として残すことで音声を記録するというものであった（再生する時は錫箔に刻まれた振動の痕跡を再生用の針で同じようにしてたどる）。最初期のフォノグラフは、エジソン自身が将来的な用途として示したように、「口述筆記」、「遺言」、「演説などの記録」など、主に人間の声を記録・再生するための装置として位置づけられていた。この最初期の蓄音機は録音時間が短く、生産台数も少なかったために、あまり普及はしなかった。

その後、一八八一年にグラハム・ベルの従兄弟のチチェスター・ベルとチャールズ・サムナー・ティンターが、記録媒体として錫箔の代わりにワックスを使用するなどさまざまな改良を加えたグラフォフォンを発明する。グラフォフォンは、一八八五年に世間に発表され、翌年には、ヴォルタ・グラフォフォン社（後のアメリカン・グラフォフォン社）が設立される。そして一八八八年、グラフォフォンの登場に刺激を受けたエジソンが、表面を削ることで再利用が可能な一体成型の蠟《ろう》管《かん》を記録媒体として用いたパーフェクテッド・フォノグラフと呼ばれる蓄音機を発明する。

一方、一八八七年に、ドイツ人のエミール・ベルリナーが、現在のレコードプレーヤーの原型となる円盤型の記録媒体を用いたグラモフォンを発明する。これはエボナイトというゴム合成物

（のちにカイガラムシの分泌物を主成分とするシェラックと呼ばれる樹脂合成物）でできた円盤に横揺れの溝を刻むことで音を記録する蓄音機である。その後、一九一〇年代頃まで円筒型と円盤型の蓄音機の競合時代が続くが、記録媒体（レコード）の大量複製が安価で容易にできることから、円盤型の蓄音機が市場において優位になる。そして、有名な歌手やオーケストラのレコードが販売されることで音楽産業と結びつき、円盤型の蓄音機は音楽を再生する装置として家庭にも普及していくのである。

人類学とフィールド・レコーディング

それでは最初期の人類学的なフィールド・レコーディングにはどのようなものがあるだろうか。一八九〇年代になると、エジソンの蠟管式蓄音機を用いて欧米の学者、宣教師、探検家などが世界各地の民俗音楽[12]、オーラル・ヒストリー、言語音などの録音を開始する。そのもっとも早い例は、一八九〇年にハーバード大学の人類学者ジェシー・ウォルター・フュークス（Jesse Walter Fewkes 一八五〇–一九三〇）が、エジソンの蠟管式蓄音機を用いて、メイン州の先住民族であるパサマクォディ族（Passamaquoddy）の音楽や歌を録音したものが挙げられる。また一九〇七年〜一九四〇年代初頭にアメリカ先住民の音楽文化を研究した人類学者（民族音楽学者）のフランシス・デンスモア（Frances Densmore 一八六七－一九五七）は、スミソニアン協会のアメリカ民族学局（Bureau of American Ethnology）の公式録音者として、アメリカの多くの先住民の音楽を録音し、二四〇〇もの歌を採譜するなど、その成果を多数の論文で発表している。当時の蓄音機を用いた音楽や語りの録音は、主に採譜や文字起こしなどの手段を用いてその内容を分析するための学術的な資料収集としておこなわれたのである。

音響メディア史の研究者ジョナサン・スターンが指摘するように、蓄音機を用いて書かれた民族誌に対しては、他の研究者からその正確さ（過度に正確である、あるいは正確さが不十分）に対する批判が起こったが、アメリカ人類学の父と呼ばれるフランツ・ボアズは、録音を使用することと、そこに音楽を含めることが、民族誌的調査にとって必須であると提唱した。蓄音機に対する態度は研究者によってさまざまであったが、蓄音機を利用することで、文化の科学的な研究に学術的に取り組む範囲、焦点、方法が拡大したのである。[13]

先述したフュークスは「インディアンに毎年起こっている変化と、数年のうちに彼らの習慣の多くが大きく変更されるか永遠に失われるであろうことを思えば、彼らの歌や儀礼をすぐにも保存することは急務である」[14]と訴えている。そこには失われゆく「真正な」民族文化を記録、保存し、後世に残したいという欲望と、外部からの影響に伴う「伝統文化」の変化を否定的に捉える本質主義的な態度が見られる。[15]

また当時のフィールド・レコーディングは、西洋の商業的な音楽やクラシック音楽に「汚染」されていない、非西洋の「伝統的」な音楽や歌を録音対象としていたが、これはある種のエキゾチシズムやエドワード・サイードの言う「オリエンタリズム」を内包した視点であるとも言えるだろう。その背景には（日本も含む）近代西欧諸国の植民地主義の歴史がある。こうした西洋側の非西洋に対するまなざしは、その後のいわゆる「民族音楽」のフィールド・レコーディング（そしてそれらの音源をリリースするレコード・レーベル）にも共通して見られるものであった。

民俗音楽のフィールド・レコーディング

続けて「民俗音楽」のフィールド・レコーディングをみていく。ヨーロッパでは、民俗音楽学者で、作曲家、ピアニストとしても有名なバルトーク・ベーラ（Bartók Béla 一八八一－一九四五）が、一九〇六年から一九一八年頃にかけてハンガリー各地の村に伝わる民俗音楽をエジソンの蠟管式蓄音機を用いて録音し、詳細に採譜、分析することで、その体系化を試みるとともに、自身の作曲にも活かそうとした。バルトークは録音を（ときに再生速度を変えながら）繰り返し聴くことで音楽の細部を精緻に記録する方法を得たのである。しかし、こうしたやり方には「つねに変化する歌い手の節回しを一回の録音で決定するのは危険だ」という批判もあったという。[16] たしかに民謡を含むいわゆる民俗音楽が、口頭伝承によって常に変化しながら民衆の間に受け継がれていること、またそれらの演奏がしばしば「即興性」を有していることなどを考えれば、その録音から作成された楽譜は楽曲の「ヴァリエーション」のひとつを記録したものに過ぎないとも言えるだろう。

また一九三〇年代から、アラン・ローマックス（Alan Lomax 一九一五―二〇〇二）は、父のジョン・ローマックス（John Lomax 一八六七―一九四八）とともに車に録音機材を載せて全米中を回り、各地のフォーク、ブルース、ジャズなどの民俗音楽やオーラル・ヒストリーを収集していった。[17] またその過程でレッド・ベリー、ウディ・ガスリーら多くの伝説的な音楽家を発掘、紹介することになる。また他にも例えば、英国人の民俗音楽学者ヒュー・トレイシー（Hugh Tracey 一九〇三―一九七七）は、一九二〇年代から七〇年代にかけてアフリカ各地の民俗音楽を三万五千を超える録音に収め、多数のレコードを出版している。

民俗音楽学者の録音は学術目的でおこなわれたものであっても、それらの録音がラジオ放送やレコードのリリースによって多くの人に聴かれるようになると、例えば、先述したアラン・ローマックスらの録音や著書が一九六〇年代の世界的なフォーク・リバイバルに繋がったように、その後の音楽シーンにもさまざまな形で影響を与えた。ローマックスの音楽シーンへの貢献について、アンビエント・ミュージックの開拓者として知られるブライアン・イーノ（Brian Eno 一九四八―）は「アラン・ローマックスがいなかったとしたら、ブルースの爆発もR&Bの運動もなかっただろう。そして、ビートルズもローリング・ストーンズもヴェルヴェット・アンダーグラウンドも生まれなかっただろう[18]」と述べている。

環境音のフィールド・レコーディング

次に初期の自然環境音の録音についてみていく。ルドヴィック・カール・コッホ（Ludwig Karl Koch 一八八一―一九七四）は、野生動物の録音のパイオニアとして世界的に知られている。一八八九年、彼が八歳の時に父からもらったエジソンの蠟管式蓄音機で集音したアカハラシキチョウ（Captive white-rumped shama）の録音は、現存するもっとも古い野生動物の録音のひとつとして知られている。[19]音楽一家に生まれ、幼いころから音楽教育を受けたコッホは優れた耳を持ち、鳥類学者や動物学者と協働して、例えば、キツネ狩りに関する『Hunting by Ear』（H. F. & G. Witherby 一九三七）などの「サウンドブック」を一九三〇年代に出版した。コッホのサウンドブックは、フィールド・レコーディング音源が収録されたSPレコード（七八回転）に解説文やイラストなどがパッケージングされており、現代のフィールド・レコーディング作品のプロトタイプがこの時点ですでにできていたことがわかる。コッホは一九四一年頃から終戦までBBCのラジオ番組をレギュラーで担当しており、録音した音をモンタージュしたコラージュ作品（例えば一九四一年制作の〈Music of the Sea〉）も放送していた。つまり、コッホは多様なメディアを駆使して音と音楽、学術とアートを架橋するようなフィールド・レコーディングの実践をおこなってきた先駆者とも言えるだろう。

また都市の雑踏などのサウンドスケープも二〇世紀初頭から録音対象となっている。その先駆的な例として、一九二八年にロンドン市内五か所でおこなわれたフィールド・レコーディングのプロジェクトを紹介したい。[20] これは、デイリー・メール誌とコロンビア・グラモフォン社が協力して騒音問題の証拠資料を集めるためのキャンペーンの一環としておこなわれたものである。当時、交通騒音は公衆衛生上の喫緊の課題となっていた。交通騒音にさらされている一般市民からの手紙が新聞社に殺到し、専門家による騒音の脅威とその予防方法、世界の騒音ニュースなどの記事が定期的に新聞に掲載されていたのである。

このプロジェクトの中心人物であるデイリー・メール誌のダニエル団長が、それぞれの録音の冒頭で、録音日時、場所などの情報だけでなく、自動車、馬車、大型トラック、クラクション、路上の楽器奏者など、それぞれの騒音源について声で説明を入れている点が興味深い。これは資料としての価値を高めるために声で補足説明を入れたものと考えられる。なお当時の録音はワックス盤にリアルタイムに針で溝を刻むことで音を記録する方式のものであり、電源を供給するための電池、ワックスを柔らかくするためのオーブン、マイクの音声信号を必要なレベルまで増幅するための真空管アンプなど、大掛かりな機材が必要であったという。

録音された音源は、内務大臣のウィリアム・ジョインソン＝ヒックス卿、運輸大臣のウィルフリッド・アシュリー大佐をはじめとする数名の関係者に聞かれた。また録音された音源は七八回転のSPレコードとしてコロンビアレコードから出版されたほか、BBCラジオでも放送され、世界中の人々に「ロンドンの轟音」を聞かせることができた（「デイリー・メール」誌、一九二八年一〇月八日の記事より）。調査は成功し、録音を聞いた大臣たちはすぐに行動を起こした。警察には、騒音、とくに不必要なクラクションを取り締まる権限が与えられた。その結果、新聞社には、交通騒音に悩む一般市民から、彼らの努力を称える手紙が多数寄せられたという。

このように「騒音」という公衆衛生上の問題解決のために、行政へ働きかける証拠資料を得るための手法としてフィールド・レコーディングがおこなわれていたことは興味深い。こうした場合でも、フィールド・レコーディングはあくまで客観的、中立的なドキュメントとしての役割を果たしていたのだ。

「フィールド・レコーディング」という語の初出

それでは「フィールド・レコーディング」という言葉が初めて使われたのはいつになるだろうか。録音という意味での「field recording」が学術的な文章に登場するのは、一九三二年にアメリカの人類学者メルヴィン・ジェイコブスが米国人類学会（American Anthropological Association）が発行する『アメリカ人類学者（American Anthropologist）』誌に書いた論文（「北部サハプティン語族の方言における親族呼称」）のなかで用いられたのが初出であるようだ。翌一九三三年には、C・R・デイリー[21]（C. R. Daily）が『アメリカ映画技術者協会（The Society of Motion Picture Engineers）』誌に書いたウェスタン・エレクトリック社が開発したポータブル録音システムに関する論文のなかで、「field recording」という語が一度登場する。さらに一九三五年にはアメリカの昆虫学者オーランド・パークが『アメリカ生態学会（Ecology）』誌に書いた論文で、夜行性生物の行動を記録する装置を説明する際に「field recording」という語を用いている。このように人類学（民族学）、映画学、生態学という異なる分野で同時期にフィールド・レコーディングという言葉が使われ始めたことがわかる。

一八九〇年代頃から人類学（民族学）、民族音楽学、生物学などのフィールドワークにおいて蓄音機が使用されていたことを考えると、それから四〇年もの間フィールド・レコーディングという言葉が使われなかったのは不思議に思われるかもしれない。この問いに対して、研究者でアーティストのミッチェル・アキヤマは、当時は録音物自体が重要な価値をもつものと見做されておらず、録音は主として楽曲の採譜、語りの文字起こしのためなど副次的な役割しか担っていなかったからではないか、と述べている。[22]

ただしフィールド・レコーディングという言葉を、スタジオ・レコーディングとの対比として捉えるのであれば、レコーディング・スタジオが音楽の収録場所として一般的になる時代までフィールド・レコーディングという言葉が使われなかったことは当然のことのようにも思われる。一九一〇年代にはニューヨークをはじめ主要都市にはレコーディング・スタジオが存在したが、実際にレコードの制作など音楽産業のなかでレコーディング・スタジオが主要な役割を担うようになったのは、一九二〇年代にコンデンサーマイクと真空管アンプを用いた電気録音が実用化されてからである。つまり、電気録音が始まる以前のアコースティック録音、すなわち音声（空気の振動）を電気信号に変換することなく、蠟管やレコードといった録音媒体に直接溝を刻んで音を記録する録音は、たとえ屋内であっても響きが人為的にコントロールされていない場所や空間でおこなわれていたということになる。そう考えれば、当時はフィールド・レコーディングという言葉が使われなかったとしても、それらの録音も実質的にはフィールド・レコーディングであったと言えるだろう。

なお先述したフュークスは、蠟管式蓄音機に負担がかからないように録音対象の演奏方法を意図的に変えてもらいながら録音をおこなっていた。また一九世紀末から二〇世紀初頭にかけてアメリカ先住民の音楽を多数録音した人類学者のアリス・カニングハム・フレッチャー（Alice Cunningham Fletcher 一八三八－一九二三）は、ワシントンＤＣにある自宅の敷地内に簡素なスタジオを設置し、先住民を家に招待する形で録音をしていた。このように、人類学者の録音は初期の頃からスタジオの技術に基づいていた点も留意すべきである。また一九四三年の台湾において先住民の民俗音楽に関する大規模な学術的録音をおこなった音楽学者の黒沢隆朝《くろさわたかとも》（一八九五－一九八七）の録音のほとんどが、実際には実演者を台北など都市部のスタジオに呼んでおこなっていた。[23] このことからもわかるように、「現地録音」だからと言ってそれが必ずしも「フィールド・レコーディング」であったわけではないということも指摘しておきたい。

楽曲の素材としてのフィールド・レコーディング

アートや楽曲制作の分野でのフィールド・レコーディングの多くはこうした歴史を踏まえたあ

とから登場してくる。フランスの作曲家ピエール・シェフェール（Pierre Henri Marie Schaeffer 一九一〇－一九九五）が一九四〇年代に考案したミュージック・コンクレートは、人や動物の声、自然・環境音、物音など身の周りのさまざまな音を録音し、加工、変調して制作する音楽のことである。[24] 一般的な音楽における作曲とは楽譜を書くことであるのに対し、シェフェールの「具体音楽」は、まず具体的な音の録音をおこない、それを変形・加工することによって曲が作られる。

シェフェールは当時の最先端の録音メディアである磁気テープを駆使して作曲をおこなった。[25] 具体的には、録音した磁気テープを切り貼りして異なる音を繋げたり（モンタージュ）、再生速度を変化させたり、モジュレーションやエコーをかけたり、楽器や声とともにパフォーマンスに用いたりした。シェフェールが提唱したミュージック・コンクレートの手法は、彼の片腕ピエール・アンリや弟子のリュック・フェラーリらによって発展的に受け継がれ、現代のエレクトロ・アコースティック・ミュージック（電子音響音楽）をはじめとするさまざまな実験的な音楽へと繋がるひとつの源流となった。

一九七〇年代に入ると、マリー・シェーファーを中心とする研究者、作曲家らがサウンドスケープの概念に基づくサウンドスケープ・コンポジションを提唱する。先述した『The Vancouver Soundscape』もこのサウンドスケープ・コンポジションの考えに基づき制作されたものである。その中心的なメンバーであるバリー・トゥルアックス（Barry Truax 一九四七－）は、サウンドスケープ・コンポジションの特徴として以下の四点を挙げている。[26]

1 リスナーが音源を認識できること
2 環境的・心理的な背景に関するリスナーの知識が呼び覚まされること
3 環境的・心理的な背景に関する作曲家の知識が、あらゆるレベルで作曲の形に影響を与えること
4 作品が私たちの世界に対する理解を深め、その影響は日常の知覚的な習慣にまで及ぶこと

環境音を素材として「作曲」をおこなうという意味では、サウンドスケープ・コンポジションはミュージック・コンクレートと大差がないようにも思われるが、後者が編集作業によって録音した音とその音源との結びつきを分断するのに対し、前者はリスナーが録音を聴いてその音源が認識できるように、録音した音と音源の結びつきが維持されるような編集のアプローチを取っている点に違いがある。[27]

以上のように環境の音を録音し作曲の素材として用いる手法には歴史的な背景がある。ただし、現代のデジタル化した音楽制作環境では、環境音、物音、自然音、声などあらゆる音を楽器音と同じように楽曲の素材として用いることが容易になり、前衛音楽に限らず、さまざまなジャンル

の楽曲制作においてフィールド・レコーディングがおこなわれていることから、上述した歴史や方法論の違いはあまり意識されなくなっているようにも感じる。またサウンドアート、メディア・アート、実験音楽とカテゴライズされるような、サウンドを扱うアーティストの作品（CDやレコードなど）、インスタレーション、ライヴパフォーマンスでも、フィールド・レコーディングがしばしば用いられる。次章以降では、こうしたフィールド・レコーディングを作品制作の主軸に置くアーティストの作品を具体的に紹介していく。

「客観性」の否定へ

ここまで見てきたように、二〇世紀の学術的なフィールド・レコーディングは、世界各地の音楽や言語音、サウンドスケープのドキュメンタリーとしての側面が強く、一方、アートや音楽制作分野でのフィールド・レコーディングは、楽曲や作品の素材として環境音や物音、声を録音する傾向が強かった。そしてとくに学術的な録音では、録音対象（例えば、民俗音楽あるいは自然環境音）は調査者（録音者）に一方的に記録、表象される存在であり、例外はあるにせよ、「客観的な」ドキュメントとしての録音が望ましいものとされた。

近年、こうした「客観性」への異議申し立てが、学術・芸術分野を超えてなされている。すでにいくつかの事例を挙げて述べてきたが、人類学者が書く民族誌と同様に、録音者は無色透明で中立的な存在ではありえず、録音者も活発なエージェントとして録音内容にさまざまな形で影響を与えうる存在であることを多くの研究者、アーティストが認めているのだ。[28] その背景には、人文社会科学におけるナラティヴ・ターン（narrative turn）と呼ばれる学術的な潮流がある。例えば、一九八〇年代に人類学では、フィールドや民族誌における調査者の存在や役割が自己批判的に問い直されるようになった。そうした流れのなかで、フィールド・レコーディングの場合でも録音者が録音対象にさまざまな形で影響を与えていることを認識し、録音対象との関係性を含めた録音者の立ち位置が問われるようになったのである。例えば、アーティストのイゾベル・アンダーソン（Isobel Anderson）とミュージシャンのチュリス・レニー（Tullis Rennie）は、フィールド・レコーディングに自己言及的語り（self-reflexive narrative）を入れることで録音者自身の存在を前景化させる意義について主張している。[29]

つまり、「非加工」のフィールド・レコーディング作品が加工を加えていないことが理由となって、作為的でない、客観的・中立的なその場の音環境や「音楽」を記録したものであるとは言えないのである。後の章で詳しく述べるように、あらゆる録音作品には、録音・編集プロセスにおけるさまざまな「選択」を通して、制作者の意図、価値観、欲望、思想が不可避的に反映されている。つまり、特定の場所で何かを録音し、それを編集して制作した作品を誰かに聞かせること自体が政治性を帯びた行為でもあるのだ。

実践の拡がりとテクノロジーの進化

近年、フィールド・レコーディングのなかでも、とくにアーティストによる環境音の録音や録音作品を、写真《フォトグラフィー》（photography）のアナロジーとしてフォノグラフィー（phonography）と呼ぶことがある。[30] そしてフォノグラフィーをおこなう者をフォノグラファー（phonographer）と呼ぶ。先述したように、二〇世紀の学術的なフィールド・レコーディングでは、多くの場合、制作者の主観をできるだけ排除し、「記録性」や「真正性」が重視されたのに対し、フォノグラファーは録音とは本来的に主観的な行為であり、録音者の録音対象や録音内容に対するさまざまな形での影響を認めた上で、ある種の芸術実践としてフィールド・レコーディングを位置づけるようになった。そうした背景もあり、「サウンドスケープのドキュメンタリー」や「絶滅の危機に瀕する文化や生態系の記録」にとどまらない多様な文脈に基づくフィールド・レコーディング作品がリリースされようになったのである。

先述したように、フィールド・レコーディングは本来的に領域横断性を特徴とするが、現在はさまざまな文脈がより複雑に交差している状況にある。例えば、音のテクスチャーやコンポジション（ミュージック・コンクレート）、非可聴音への着目（サウンドアート）、場所の歴史などの文脈やドキュメンタリー（人類学・民俗学・生態学）といったさまざまな要素がひとつの作品のなかで共存していたり、研究者とアーティスト、調査対象社会との協働的なプロジェクトのなかでフィールド・レコーディングが調査手法・成果の媒体となる事例が増えつつある。

このようなフィールド・レコーディングの実践の広がりの背景には、デジタルテクノロジーにより録音、編集、音源の共有が容易になったという環境面の変化も大きいだろう。二〇世紀後半以降、録音機は高価で重量級のオープンリールテープレコーダーから、肩掛けサイズのカセットテープレコーダーへ、そしてDATやMDを用いるポータブルレコーダーへと小型化と廉価化が進んだ。二〇〇〇年代後半以降はSDカードや内蔵フラッシュメモリーなどを記録媒体に持ち、非圧縮のWAV形式で録音できるリニアPCMレコーダーと呼ばれるデジタルレコーダーが主流になっている。

デジタルレコーダーの普及により手軽に高品質なフィールド・レコーディングがおこなえるようになっただけでなく、記録した音をパソコンのHDDに取り込んで保存し、ソフトウェアを用いて録音した音を編集、加工することも容易になった。近年では、スマホを用いてフィールド・

レコーディングをおこない、スマホ上のアプリで録音した音を編集し、インターネットにアップロードして世界中の人々と即座に音源を共有することも簡単にできるようになった。例えば、第6章で紹介するように、インターネット上にはフィールド・レコーディングを共有する参加型のサウンドアーカイヴが多くみられる。このようなテクノロジーの進化によって、かつては一部の専門家や技術者、オーディオ愛好家がおこなう実践としての側面が強かったフィールド・レコーディングは、現在では気軽に誰もが楽しむことのできる実践へと変化してきているのだ。

［注］

1 サウンドスケープ（soundscape）という言葉は、カナダを代表する現代音楽の作曲家で、思想家、教育家でもあるレイモンド・マリー・シェーファーにより一九六〇年代末に提唱された概念である。この言葉は、使用する者や文脈によってしばしば異なる意味で用いられるが、専門的には、「個人、あるいは特定の社会がどのように知覚し、理解しているかに強調点の置かれた音環境」（Barry Truax『Handbook for Acoustic Ecology』（A.R.C. Publications 一九七八、一二六頁）より）のことを指す。日本語の訳語としては「音風景」が当てはまる。本書では「個人や社会によって意味づけられた音環境」と、より一般的に用いられる「物理的現象としての音環境」や「ある場所、空間に響く音の全体」を文脈に応じて使い分けることとする。

2 もちろんこれは理念的な話であって、ジョン・ケージの〈四分三三秒〉の例を挙げるまでもなく、コンサートホールでも観客の咳払い、身じろぎ、空調の音、ドアの開閉音などさまざまな音が響いている。また残響時間などの音響特性はホールによっても異なる。

3 佐々木敦は、著書『これは小説ではない』（新潮社、二〇二〇）の中で、ジョン・ケージの〈四分三三秒〉を事例にフィールド・レコーディングについて考察を進める中で、「あらゆる「録音」は「フィールド・レコーディング」で（も）ある」と指摘している。

4 そうした実験的な音楽には、ミュージック・コンクレート、電子音響音楽、アクースマティック音楽、アンビエント・ミュージック、ドローン・ミュージック、ノイズ・ミュージックなどさまざまなジャンルがある。またポピュラー音楽でも、ニューエイジ・ミュージックやヒーリング・ミュージックなどにおいて自然・環境音が用いられることがある。

5 例えば、同じ録音音源でも、CDやレコードの形でリリースされる、インスタレーション作品として美術館で展示される、映画の音（の一部）として使われる、ライヴパフォーマンスの素材として使われるなど、使用される形式やメディアによって「フィールド・レコーディング」、「アート」、「音楽」、「効果音」と呼び名が変わることもあるだろう。

6 佐々木敦『これは小説ではない』（新潮社、二〇二〇）より。ただし、この時間と場所を混同させない同一性をめぐる議論は録音に限られたものではなく、撮影者がフレーミングによって記録するものをある程度コントロールできる写真や映像でも基本的には同じことが言える。つまり、「機会の固有性」は、フィールド・レコーディングの特徴というより、現実の断片を何らかの機械を通して切り取るあらゆる記録行為に共通する特性のようなものだとも言えるだろう。

7 「場所」、「空間」の定義については、堀川三郎「場所と空間の社会学」（二〇一〇）を参考にした。

8 映画やテレビ、ラジオ番組の制作における野外録音は、ロケーション・レコーディング（Location Recording）という呼び方の方がおそらく一般的である。

9 一九九一年から二〇〇三年までセント・ギガ（St. GIGA）という衛星放送によるデジタルラジオ放送局が、潮の干満や月の運行に連動した「タイド・テーブル」に基づき、ＤＪなし、ＣＭなし、ニュースなしという異色の編成で世界各地の自然音と音楽をノン・ストップで流していた。なおプロデューサーの川崎義博は日本のフィールド・レコーディストの草分けである。

10 金子智太郎「一九七〇年代の日本における生録文化」（二〇一七）を参照のこと。オーディオユニオン録音コンテストの入選作品は以下より視聴することができる。「オーディオユニオン録音コンテスト入選作品集」https://tomotarokaneko.com/projects/aurc/

11 蓄音機の登場以前の一八五七年にエドゥアール＝レオン・スコット・ド・マルタンヴィルが発明したフォノトグラフ（phonautograph）によって、音声を波形（ビジュアル・イメージ）として記録することは可能になったが、当時の技術では音の再生はできなかった。

12 ある民族の音楽文化全体を指す〈民族音楽（ethnic music）〉とは異なり、〈民俗音楽（folk music）〉は、わらべうた、子守歌、民謡など階層社会の基層に属する集団・共同体にはぐくまれてきた伝統音楽を意味する。(『世界大百科事典』第2版(平凡社、一九九八)「民俗音楽」の解説より)。民族音楽学者の小泉文夫は、民俗音楽の概念について「職業的な作曲家や演奏家によって創造され再現される芸術音楽に対する概念で、これを社会の基層における音楽文化と規定することもある」(小泉文夫「民俗音楽」一九七二)として、「芸術音楽」と「民俗音楽」を対置させて捉えている。

13 Erika Brady『A Spiral Way』(University Press of Mississippi 一九九九、二頁)を参照した。

14 ジョナサン・スターン『聞こえくる過去』(インスクリプト、二〇一五)三九九頁からの引用。

15 ただし、初期の学術的録音のほとんどは主に採譜することを目的としておこなわれており、純粋に後世に向けて民謡を保存するために録音されたものはほとんどなかった(スターン前掲書、四〇九頁)ことにも留意する必要がある。

16 松村正人『前衛音楽入門』(Pヴァイン、二〇一九)九八頁からの引用。ただし、このような批判を実際に受けたのはバルトークではなく、バルトークと同時期に蠟管録音による民謡採取にとりくんだ英国の作曲家でピアニストのパーシー・グレインジャーである(同書、同頁より)。またその批判の内容は以下の論文を参照のこと。Michael Yates「Percy Grainger and the Impact of the Phonograph」(一九八二)。

17 ローマックス親子は一九三三年頃まではエジソンの蠟管式蓄音機を、一九三四年頃から円盤型蓄音機を使用していたようである。「Lomax the Songhunter」http://archive.pov.org/lomax/background/

18 アラン・ローマックス『アラン・ローマックス選集』(柿沼敏江訳、みすず書房、二〇〇七)、原書に寄せられた推薦の言葉からの引用。

19 この録音は以下で聴くことができる。「First commercially available wildlife recording, 1910」https://www.bl.uk/collection-items/nightingale-first-commercially-available-wildlife-recording-1910 またコッホの一九三〇年代から五〇年代の野生生物の録音は大英図書館音響アーカイヴで公開されている。「Early wildlife recordings」https://sounds.bl.uk/Environment/Early-wildlife-recordings

20 このプロジェクトの内容については「London Street Noises」を参照した（https://londonstreetnoises.co.uk/）。また二〇一八年、二〇二〇年に一九二八年当時とまったく同じ録音箇所、時間帯におこなったフィールド・レコーディング音源がサウンドマップとしてこのウェブサイトで公開されており、一世紀近くの時を隔てたサウンドスケープの変化を感じることができる。

21 人物名ではなく、社名の可能性がある。

22 Mitchell Akiyama「The phonographic memory」（二〇一五）を参照した。

23 山内文登「方法としての音」（二〇二一）を参照した。

24 ただし、環境の音を用いて作曲を行ったのはシェフェールが最初という訳ではない。先述したコッホに加えて、例えば、実験映画監督のヴァルター・ルットマンはフィルムのサウンドトラックを用いて言葉や音楽、環境音の断片をコラージュしたラジオ作品『Weekend』を一九三〇年に発表している。

25 成田和子「音楽研究グループ GROUPE DE RECHERCHES MUSICALES における電子音響

音楽」（一九九七）によれば、実際にシェフェールが磁気テープを用いて作曲をおこなったのはテープレコーダーが登場した一九五〇年からであり、それまでは七八回転のSPレコードを用いていた。

26 以下のウェブサイトからの引用。「Soundscape Composition」https://www.sfu.ca/~truax/scomp.html

27 John Levack Drever「Soundscape Composition」（二〇〇二）によれば、フィールド・レコーディング作品には、異なる音を重ね合わせたり、加工、変調して制作するアクースマティック（ミュージック・コンクレート）志向の方法と、録音した音をなるべく加工せずそのままの形で用いるサウンドスケープ志向の方法があり、前者は、録音した音とその音源との結びつきを分断するが、後者は音源が何であるか認識できるよう試みる。後者の形で使用されるとき、フィールド・レコーディングは調査者の感覚的な経験に基づいて環境やそこに住む人々を包括的に捉えようとする点で民族誌として捉えられうると主張する。

28 フィールド・レコーディングをおこなうアーティストの多様な考え方や実践については、Cathy Lane & Angus Carlyle『In the Field』（Uniformbooks 二〇一三）も参照のこと。

29 Isobel Anderson & Tullis Rennie「Thoughts in the Field」（二〇一六）を参照した。

30 Patrick Feaster「phonography」（二〇一五）や秋吉康晴「フォノグラフ、あるいは「音を書くこと」の来歴」（二〇一七）で指摘されているように、phonographyは、その語源（ギリシア語で「音」や「声」を意味するphone（フォネー）と「書くこと」を意味するgraphe（グラフェー）を組み合わせた造語）が示すように、本来の意味は「音を書くこと」つまり「音を視覚的に記録すること」である。

column1

マイクロフォンとステレオ録音の方式（1）

このコラムでは、フィールド・レコーディングの機材や用語、その使いこなしについて、基礎的な事項を説明する。フィールド・レコーディングに必要な機材は、マイクロフォン、レコーダー、ヘッドフォン（イヤフォン）の三つである。マイクロフォンが内蔵されたレコーダーを使用する場合、別途マイクロフォンがなくても録音は可能である。しかし、本書で紹介するフィールド・レコーディングの実践や作品のほとんどは、外付けのマイクロフォンを使って録音している。それはレコーダー内蔵マイクよりもセッティングの自由度や音質の点で有利な点が多いためである。ヘッドフォンは録音モニターとして必要になる。また録音した音源を編集する際にも使用できる。

情報の更新が難しいという書籍の性格上、ここでは具体的な機種の紹介は一部に留める。筆者のホームページに「フィールドレコーディングの機材」というページがあるので、録音機材の購入を検討される方はそちらも参考にしていただきたい（https://www.eisukeyanagisawa.com/equipment1）。

「フィールドレコーディングの機材」

マイクロフォン

マイクロフォンとは音（空気などの媒質の振動）を電気信号に変換する音響機器のことである。空気の振動を録音する通常のマイクロフォンは、その構造の違いからダイナミック型（ダイナミックマイク）とコンデンサー型（コンデンサーマイク）に大別される。ダイナミックマイクは、安価、構造が単純で振動に強い、頑丈で壊れにくい、外部電源が不要、大音量でも歪《ひず》みにくい、高温・高湿度にも強いという利点がある。コンデンサーマイクは、高価、構造が複雑で振動に弱い、外部電源が必要、高温や高湿度に影響を受けやすいものが多いが（RFバイアス方式など高湿度に強いコンデンサーマイクもある）、ダイナミックマイクと比べて感度が高く、周波数特性が広く、過渡特性にも優れているものが多い。フィールド・レコーディングでは一般的に高域の特性が優れていて、より繊細な音も拾うことができるコンデンサーマイクが使われる。

マイクロフォンの指向性

マイクロフォンには指向性がある。指向性とはどの方向の音に良く反応するか（感度が高いか）ということである。マイクの指向性は無指向性（全指向性）と単一指向性に大別される。

無指向性（Omnidirectional）マイク（通称オムニマイク）は、マイクロフォンの周囲三六〇度の音を均等に拾うマイクのことである。つまり、マイクロフォンの向きや角度にかかわらず、周囲の音の大きさに応じて反応するのが無指向性マイクである。特定の音源を狙って録音するのではなく、その場で聞こえる音の全体を録音する場合、この無指向性マイクを使う。また無指向性マイクは、後述する単一指向性のマイクに比べて、風に吹かれにくいという特徴がある。

一方、前方（マイクを向けた方向）の音に対して感度が高いマイクを単一指向性（Unidirectional）マイクと呼ぶ。単一指向性マイクのなかでもっとも有名なのが、カーディオイド（Cardioid）と呼ばれる心臓を逆さにした形のポーラパターン（指向特性図）をもつマイクである。単一指向性は、指向性が鋭くなるにつれて、狭指向性、鋭指向性、超指向性、あるいは、スーパーカーディオイド（Supercardioid）、ハイパーカーディオイド（Hypercardioid）、ウルトラカーディオイド（Ultracardioid）などと呼ばれる。

テレビや映画の野外ロケで録音技師が長いブームポールの先に固定したマイクを演者の口元に向けて録音している光景を見たことのある人も多いと思う。その時使われているのがガンマイクあるいはショットガンマイクと呼ばれる超指向性マイクである。なぜガンマイクを使うのかといえば、周囲の環境音をなるべく入れずに演者の声を明瞭に録るためである。ガンマイクは、野鳥のさえずり、花火の音、スポーツ中継など距離のある音源をなるべくピンポイントに録音したいときにも使われる。ただしピンポイントといっても、マイクを向けた方向以外の音ももちろん録音される。指向性の違いによって特定の方向からの音の感度が相対的に高い、低いというだけである。

そのほかに双指向性(Bidirectional, Figure of eight) マイクがある。これはマイクの正面と背面からの音に対して感度が高く、側面からの音に対して感度が低いマイクのことである。対談の収録などに使われるが、フィールド・レコーディングで使うことはあまりないだろう。

マイクロフォンのスペック

次にマイクの種類や指向性以外にマイクロフォンを購入する際に検討すべき項目に

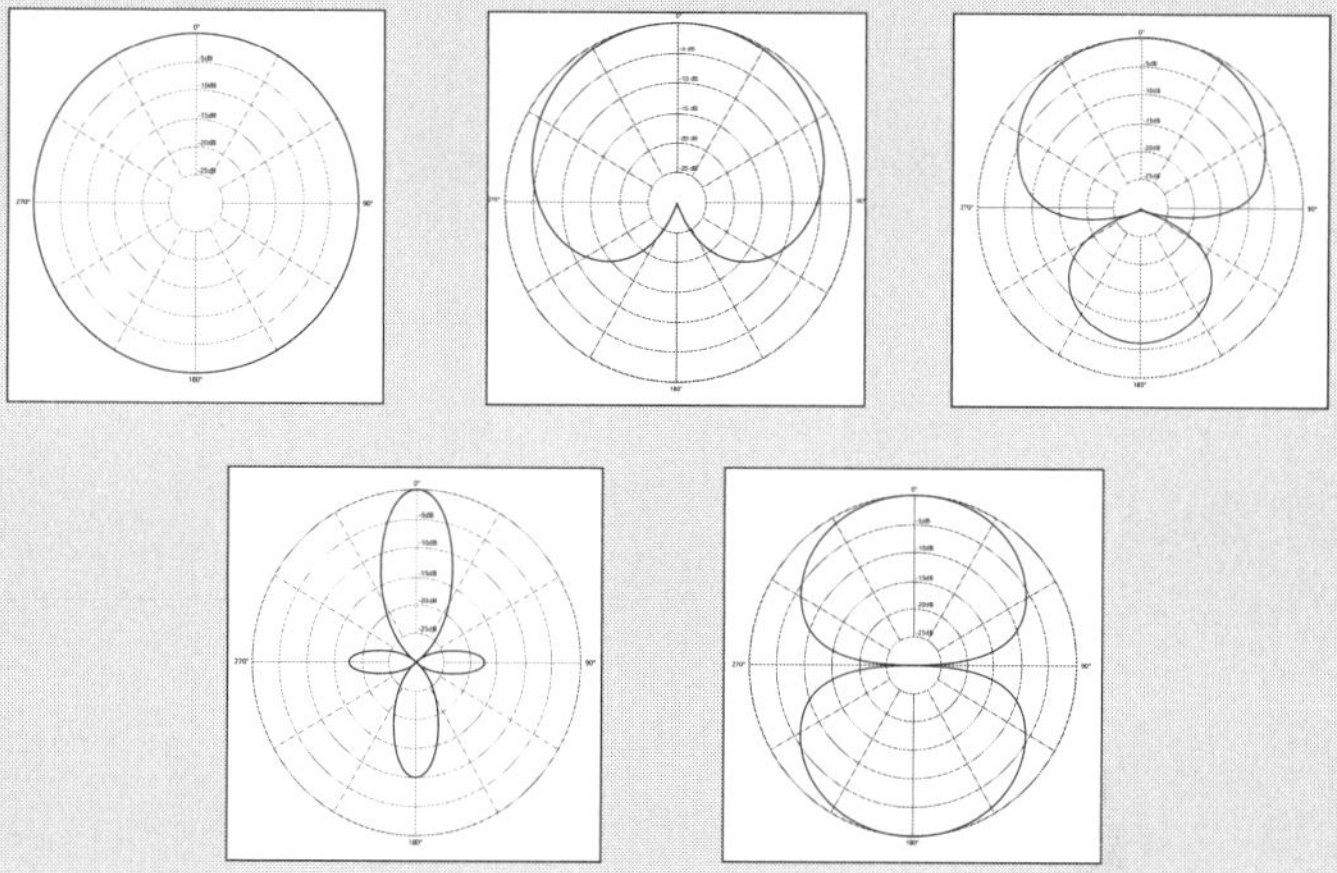

マイクロフォンのポーラパターン。左上から、無指向性、カーディオイド、ハイパーカーディオイド、超指向性、双指向性。（出典：Wikimedia Commons 作成：Galak76）

ついて説明する。マイクロフォンの性能として数値で示されている主なものは、感度、周波数特性、最大入力音圧レベル、自己雑音（等価雑音）レベルなどである。これらのスペックはメーカーによって測定条件や表記方法が異なることも多く、あくまで目安として考えた方がよいが、マイクロフォンの性能を推測する上で参考になる情報である。ここではサンプルとしてＤＰＡの４０６０という無指向性マイクの性能を以下の表に示す。

感度とは、マイクロフォンがどの程度効率的に音を電気に変換できるかを表した値である。この表の-34dB re 1V/Pa（または-34dBV/Pa）は、１Pa（1kHz）の音圧を入力したときの出力電圧（単位はmV/Pa）を１ボルト（V）を基準とするデシベル値に変換した値である（感度は出力電圧mV/Paで表記されることもある）。例えば、-30 dB re 1V/Paと-36 dB re 1V/Paでは、前者の方が6デシベル感度が高いことを表す。静かな場所の音、小さな音を録音する場合、感度が良いマイクを使うとレコーダーの入力レベルを低く抑えられるため、その分だけヒスノイズ（自己雑音）の少ない録音が可能になる。

マイクロフォンのスペックサンプル（DPA 4060の場合）

感度	-34dB re 1V/Pa
周波数特性	20～20kHz
最大入力音圧レベル	134dB SPL
自己雑音レベル	23dB(A)

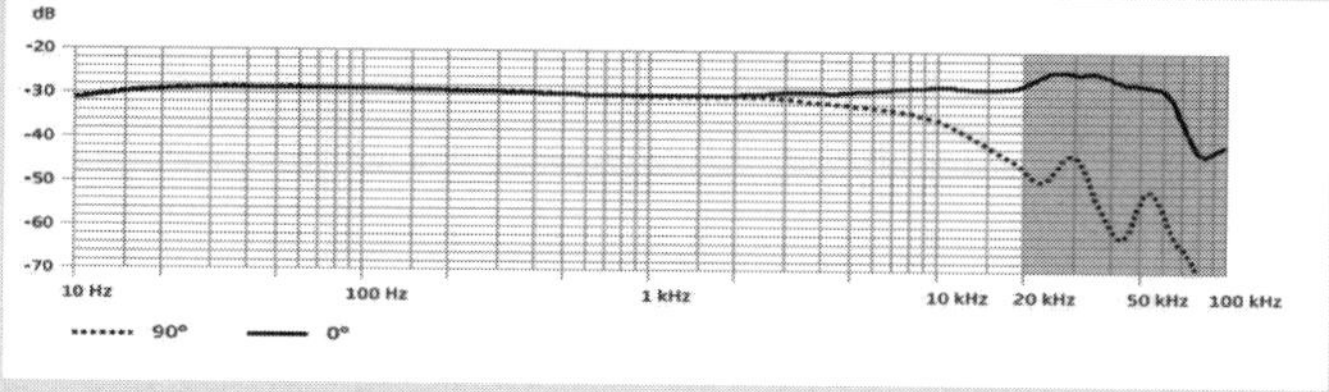

Sennheiser MKH8020の周波数特性図。実線がマイク正面、破線が90度横からの感度（出典：Sennheiser社公式サイト）

周波数特性とは、マイクロフォンが集音できる周波数の範囲（周波数による感度の変化）を示したものである。数値では、表のようにヘルツ（Hz）を単位として表示される。グラフでは、横軸に周波数［Hz］、縦軸に感度［dB］で示す。周波数によって感度の差が少ない（つまり平らなグラフ）ほど「フラット」なマイクと呼ばれる。ただし、周波数による感度の差が少ない「フラット」な無指向性マイクであっても、マイクと音源の角度によってその感度は異なる。例えば、Sennheiser MKH8020の周波数特性図に示すように、マイク正面（ゼロ度）からの音と九〇度からの音では高域（2キロヘルツ以上）の感度に差が生じているのがわかる。

最大入力音圧レベル（最大SPL）とは、マイクロフォンが歪まずに録音できるもっとも大きな音のレベルを示し、これ以上の大きさの音が加わると録音される音が歪んでしまう（過大入力という）。通常、単位はdBSPLで示される。一般的なマイクの最大入力音圧レベルは120〜150dBSPL程度である。数値が大きいほどより大きな音を録音できる。

自己雑音（等価雑音）レベルとは、マイクロフォン自体が発するヒスノイズ（雑音）の音圧レベルのことである。したがって、これより小さい音はノイズに埋もれてしまうため録音できない。通常、dB(A)で示され、数値が低いほど自己雑音レベルの低いマイクである。例えば、23dB(A)と17dB(A)では、後者の方が6デシベル自己雑音レベルが低いことを意味する。

またマイク固有のノイズが自己雑音レベルではなく、S／N比というSignal（信号）とNoise（ノイズ）の比率の数値で表示されていることがある。S／N比の場合、自己雑音レベルとは反対に数値が高いほどノイズが少ないことを示す。メーカーによって自己雑音レベルとS／N比の表記が混在しているためわかりづらいが、単位を変換することは容易である。マイクロフォンの感度表示の基準音圧である94dB（1Pa）からS／N比（dB）を引いた値が自己雑音レベル（dB）となる。すなわちS／N比が78dBと表記されていたら、その自己雑音レベルは94－78＝16（dB）である。

（一〇一頁へ続く）

第2章

環境の響きを録る

本章では環境音の録音について述べる。第1章で述べたように、フィールド・レコーディングは環境（言い換えれば「場所」や「空間」）のさまざまな響きを録音する行為である。ここでいう環境とは、野外の自然環境だけでなく、我々が生活するあらゆる空間を含むが、本書冒頭でも書いたように、一般的にフィールド・レコーディングと言えば、いわゆる「自然音（nature sound）」の録音のことを想像する人も多いだろう。実際に世界各地の「自然音」は多くのアーティストを惹きつけ、数多の作品が制作されてきた。この章ではまずはそうした「自然環境」のフィールド・レコーディング作品の紹介から始めていこう。

クリス・ワトソン

最初にフィールド・レコーディストとして世界的にもっとも有名な人物の一人であるクリス・ワトソン（Chris Watson 一九五二―）を紹介したい。彼は一九七三年にイギリスで結成されたインダストリアル・ミュージックの草分け的存在である「キャバレー・ヴォルテール」の元メンバーなのだが、その後、フィールド・レコーディングを活動の主軸とするアーティストとして世界的に知られるようになる。またその活動と並行してBBCの自然・生態系ドキュメンタリー番組やラジオ番組の録音技師としても長年仕事をしてきた。

ワトソンのフィールド・レコーディングは、自然豊かな環境で野生動物の発する声や動作音を極めて高解像度に捉えたものが多い。しかし、それらの録音は「癒しの音」のように一般的に想像される「自然音」のイメージからは程遠い。それは安全な場所から「鑑賞」の対象となる自然の音ではなく、時にぞっとするほど不快で、恐怖を感じるほどの力強さと生々しさを持った「野生の音」である。

ワトソンはしばしばマイク・ケーブルを一〇〇メートル、二〇〇メートルも伸ばし、動物のねぐらや通り道にマイクをしかけて録音をおこなう。録音者であるワトソンの存在は録音対象の近くにはなく、遠く離れた場所からそれらの音を録音しているということだ。このような録音手法を取っているのは、野生動物がとても警戒心が強く、また危険でもあるために近づいて録音することが難しいという理由からだけではない。録音対象の至近にマイクを置いて録音することでレコーダーの録音レベルを下げることができるため、背景の人為的なノイズを気にせずに録音することができるからだという。[1]

ワトソンの録音作品は特定のテーマに基づいた音のドキュメンタリーであるとともに、その作品には「音楽」的な要素を強く感じる。この「音楽」的な視点は、彼のミュージシャンとしてのバックグラウンドと関係していることは間違いないだろう。例えば、『Outside the Circle of Fire』（Touch 一九九八）の最初のトラック〈Adult Cheetah Resting By Beobab Tree〉に収録されたチーターの断続的な寝息は、エレクトロニック・ミュージックのようにも聞こえるし、〈Corncrake Songs From Territorial Males, Island Of Coll, Western Isles, Scotland〉のウズラクイナ（corncrake）という鳥が縄張りを守るために発する警戒音（?）がポリリズミックに絡み合う様子はミニマル・ミュージックのようでもある。

またワトソンの録音作品は「耳のための映画（Cinema for the ears）」と評されるように、編集によって異なる音をモンタージュしたり、重ねることによって描き出される情景と物語性に主眼を置いた作品もある。例えば、『Weather Report』（Touch 二〇〇三）の最初のトラック〈Ol-Olool-O〉はケニアのマサイマラ国立保護区における一四時間のサウンドスケープの録音を一八分に凝縮したものであるが、野生動物の声と天候のダイナミックな変化が織りなす展開に圧倒される。ワトソンによれば、「同じ場所で、異なる時間に、異なる視点から録った音を重ねることで、ハーモニクスやその他の要素が加わっていき、最終的に、その場所の響きを生かした音楽的なものになる」という。[2]つまり、彼は自分の録音作品をある場所のドキュメントというより、その場所の特徴的な響きを抽出し、それを素材として編集した「音楽作品」として位置づけているようだ。

このように日常生活で聴くことが難しい自然環境音をハイスペックな録音機材を用いて高解像度に収録し、編集によって「音楽性」を付与した作品は、フィールド・レコーディングの魅力がリスナーにわかりやすい形で伝わるだろう。実際に、これまで多くのアーティストが世界各地の辺境に赴《おもむ》いて多様な録音作品を制作してきた。ただし、フィールド・レコーディングは、そうした非日常のエキゾチックな環境音にとどまらず、我々が日常生活を送るあらゆる環境の音が対象となることも確認しておきたい。また環境の音といった時の環境とは「自然環境」だけでなく、「人工的な」環境ももちろん含まれる。後述するように、私はマイクロフォンを通してさまざまな場所や空間の響きを観察するうちに、「自然」と「人工物」が相互的に織りなす響きにより興味を持つようになっていった。次に筆者の具体的な録音事例を紹介する前に、これまでとくに定義せずに使ってきた「環境」という言葉が意味するところについて少し考えてみたい。

「環境」について

「環境」とは一体何を指すのか？　『広辞苑』（第六版、岩波書店、二〇〇八）によれば、「①めぐり囲む区域。②四囲の外界。周囲の事物。特に、人間または生物をとりまき、それと相互作用を及ぼし合うものとして見た外界。自然的環境と社会的環境とがある」と説明されている。このように、「環境」を主体である人間や生物とは独立に存在する物理的、空間的な広がりとして捉える考え方が一般的であろう。

また、人類学者のティム・インゴルドのように「環境」を固定的なものとして捉えず、生物の行動に応じて生成、変化する関係的、流動的な存在として捉える考え方もある。このインゴルドの環境観は、心理学者のジェームズ・ギブソンと生物学者のヤーコプ・フォン・ユクスキュルからの影響を受けている。ギブソンは、環境はそれ自体としては存在せず、それを環境とする生物の存在との関係においてのみ存在すると主張する。またユクスキュルによれば、あらゆる生物は、種毎に異なる形態や感受性、行動などに応じた、それぞれの「環世界」のなかを生きていると主張する。確かに我々が知覚する「世界」は、例えば、アメンボやチーターが知覚する「世界」と同じように現れるわけではない。また主体を生物に限定せずに、非生物、すなわちさまざまなモノの視点から「環境」を捉えることも可能であろう。したがって、「環境」の音を録音するということは、人間を含む生物、非生物が織りなす相互的な関係性を「音」や「振動」の面から捉えようとする行為であると考えることができる。

そして、『広辞苑』の定義にあった通り、「環境」には自然的環境（以下、自然環境）と社会的環境（以下、社会環境）があるという。ここで言う「自然環境」とは何を指すのだろう。同じく『広辞苑』を見てみると、「自然」とは「天然のままで人為の加わらないさま」とある。しかし、あらゆる自然環境（例えば、人類未踏の秘境であっても）は、地球規模の温暖化など物理的・化学的な影響も含めて何らかの人為的な影響を受けている。したがって、人為の加わらない手付かずの「自然」というものは幻想に過ぎず、「自然」という概念、イメージ自体が文化的に構築されたものである。[3]

この視点はフィールド・レコーディングを考える上でも重要だ。雨の音や風の音のように、我々が「自然音」として聴いている音も、しばしば人工的なモノが介在することではじめて人間に聞こえる音として可聴化されていることも多いし、そうした人工物の物質性がその場所や空間の響きを作っている点も指摘できる。そして、そもそも「録音」とはマイクロフォンとレコーダーという「人工物」を介して音を記録することである。このような意味であらゆる「自然環境」の録音には、多重の意味で「人工的な響き」が内包されているのだ。

なお「社会環境」とは、『ブリタニカ国際大百科事典』（ブリタニカ・ジャパン）によれば「人間の行動、生産から消費の生活に直接、間接の影響を与える社会的諸条件（組織、制度、階級、構造、慣習など）の総体」とある。つまり、それは「自然環境」のように我々を取り巻く物理的、具体的な空間としての環境のことを指すわけでなく、宗教や言語、文化といったより抽象的な概念のことを指していると思われる。そのような意味では、録音対象としての社会環境は、本書では第3章でとりあげる「音楽」の録音や、第5章の「音のフィールドワーク」とより関連した概念と言えるだろう。一方、録音者の主観や価値観が社会制度や慣習などの「文化」と密接に関連して構築されたものであるとすれば、社会環境を「録音」という行為自体に組み込まれた概念として捉えることもできる。

このように「環境」のさまざまな響きを録音することとは、そのプロセスを通して、「環境」がどのようなものであるのかについて、経験的、再帰的に考えさせるような意義もあると言えるだろう。

観察とドキュメント

次に私が「環境」の音とどのように向き合っているのかについて紹介していく。私にとってフィールド・レコーディングとは、場所や空間の響きをマイクロフォンを通して観察し、記録することである。ここでいう「観察」とは、具体的に言えば、マイクロフォンが拾う音をリアルタイムにヘッドフォン（イヤフォン）で聴くことを指す。つまり、録音モニターのことである。フィールド・レコーディングでは、録音環境やマイクとの距離にもよるが、自分自身が立てるわずかな音、例えば呼吸音、身じろぎ、唾を飲み込む音、足を組み替える音でさえはっきりと記録される。録音をモニターしなければ自分が意図せず発する音について意識することはなかなか難しいだろう。したがって、録音の狙いや状況にもよるが、私は録音中はできる限り音を立てないようじっと動かずにモニター音を聴いていることが多い。[4] また音源との距離や録音レベルが適切であるか、風に吹かれていないか、機械的なノイズが混入していないかなど、レコーダーのレベルメーターからだけではわからないことが多いため、録音中はできる限りモニターして、マイクが拾う音を聴くのである。

しかし、こういった実務的な理由以外にも、フィールド・レコーディングにとって観察が重要な理由がある。一〇分、二〇分と集中して現場で録音のモニターをしていると、外部にあるはずの環境音が自分の内部に入りこんで、自分の身体が外部の環境音と一体化しているような感覚に陥ることがあるのだ。例えば、川の音を録音していると、川と私の身体の関係性が裏返しになり、川の内側から音を聴いているかのように感じられることがある。あるいは、森のなかでじっと録音をモニターしていると、鳥や虫などの声の響きが自分の身体に浸透し、私自身が森の一部になったかのような感覚を覚えることもある。

モニター音を聴いているときは、マイクロフォンが拾っている音だけでなく、ヘッドフォンの外部から漏れ聞こえる生音も同時に耳には届いており、その二つの音が合わさった独特の生々しさがこのような感覚を生じさせているのかもしれない。また、それは聴覚だけでなく、視覚、嗅覚、触覚などさまざまな感覚を協働させながら、その場所で「聴く」という行為をおこなっているからこそ感じられる生々しさなのかもしれない。これは録音した音をパソコンに取り込んで聴くときには感じられない、その時、その場でしか聞こえない生々しさである。耳に聞こえる音とマイクが拾う音が根本的に異なるということを前提として、モニター音と生音という二つの異なる音をリアルタイムにミックスして聴くことでその場の響きを「身体化」することが、私にとってのフィールド・レコーディングにおける「観察」あるいは「聴察《ちょうさつ》」と言えるだろう。それは、知識や記憶を参照して一つひとつの音を意味づけながら聴くことではなく、身体に音を浸透させ、響きと一体になることである。

なお第1章で述べたようにリアルヘッド・バイノーラル録音と言って、自分の両耳内部に無指向性のマイクをつけて録音することがある。この録音方式の利点は、自分の頭がマイクを固定するので三脚などを立てる必要がなく、セッティングが容易なことにある。また録音していることが目立たない、周囲の人に気づかれにくいという利点もある。ただし、基本的に耳のなかにマイクをつけるため録音をモニターすることができないという欠点がある。それで筆者はカナル型イヤフォンという耳の奥深くに挿入する遮音性の高いイヤフォンのシェルの外側に無指向性のマイクをテープで固定して、疑似的なバイノーラル録音をするようになった。ケーブルが左右二本ずつ耳からレコーダーまで伸びているのがやや煩わしいが、このようにすることで、マイクが拾う音を常に確認しながら、手元もフリーで録音することができる。

ただし、リアルヘッド・バイノーラル録音はマイクの位置が録音者の口や鼻に近いため、自分の呼吸音が入りやすい。だから風邪気味の時などに録音すると自分の呼吸音がいつもより荒くなっていると気づくこともある。身体に直接マイクをつけているので、録音者の身体のコンディションが、三脚などにマイクを設置するときよりも、録音内容により反映されやすいのである。こうした経験からも、フィールド・レコーディングは身体が内在する環境の記録であるとともに、録音者である私自身の身体性（の変化）の記録でもあることに気づいていった。

もちろん、フィールド・レコーディングには録音対象を記録するドキュメントとしての性質もある。このジャンルの歴史的な経緯や、一般的に馴染みがあるのはむしろこのドキュメントの面にあると言ってもいいだろう。したがって、サウンドスケープをいかに「忠実に」記録するか、例えば、波の音をどのように録音、編集すれば、実際の耳に聞こえる波の音に近づけることができるか、といった録音の「リアリティ」や「再現性」を追求する方向でフィールド・レコーディングをおこなう者もいるだろう。しかし、私がフィールド・レコーディングを実践するうちにより興味を覚えたのは、むしろ同じ録音対象でもマイクの種類・設置箇所・方法、マイクと音源との距離などによって異なる音が記録されることにあった。

写真撮影と録音を比較すると、広角、望遠などのレンズの種類がマイクの種類に[5]、フレーミングとフォーカスがマイクの設置箇所と設置方法、露出がレコーダーの録音レベルに相当するだろうか。より具体的に言えば、録音場所の選定（何かが録れそうな雰囲気のある場所かどうか）、どのポイントにどのようなマイクをセットするのか（特定の音にフォーカスするのか、空間全体の響きを捉えるのか）、マイクはどの方向に向けてどの高さにどれ位の間隔を空けて設置するのか（音源からの距離、地面からの高さ、ステレオ幅をどうするか）、レコーダーの録音開始ボタンと停止ボタンをどのタイミングで押すのか（録音の開始と長さの判断）。これらはその時、その場の状況や目的に応じて、その都度、録音者によって主観的に判断され、選択される。[6]今挙げた差異は些細なことのように感じられるかもしれないが、それらの選択を通して、録音内容には録音者の意図や価値観、思想が反映されざるをえなくなる。これは録音者の「風景」や「場所」に対するまなざし、あるいは「主観性」と言ってもいい。そして、こうした「主観性」こそがフィールド・レコーディングを単なるドキュメントではなく、鑑賞され、追体験され、思考させる「作品」となる理由のひとつであると私は考えている。

つまり、私は実践を通してフィールド・レコーディングとは、風景や場所の客観的、中立的な記録ではなく、録音者の視点を通した主観的な記録であり、録音者の身体と場所、録音対象との関係性もそこには表れているのではないかと考えるようになったのである。そしてこのような多層的なドキュメント性がフィールド・レコーディングを支えているのだ、と。

水の音を録る

ここからは具体的な録音の実践を紹介していきたい。私が二〇〇九年に初めてリリースした作品『Scenery of Water』(Gruenrekorder)は、二〇〇四年から二〇〇七年にかけて、京都やベトナム、ミャンマーなどを旅行(フィールドワーク)中に録音したフィールド・レコーディングのなかから「水」をテーマにまとめたものである。なぜ「水」をテーマにしたかというと、それまでに録音した音源を聴いていると、何らかの形で水の音が入っているものが多いことに気づいたからである。無意識のうちに水の音に惹かれていたのかもしれない。

例えば、ベトナム中部高原のコントゥムという町の安宿のバスルーム内で配管から漏れ落ちる水滴が空間の残響を伴って響く音(トラック1)、同じくベトナムのハノイで雨季に間借りしていた部屋で叩きつけるように降るモンスーン雨を窓ガラスにマイクを固定して録音した音（トラック4）、ミャンマー中部のチャウタンという町の水上寺院にエンジン付きの小舟に乗って礼拝に来る人々の様子を波止場に座って録音した音（トラック6）、京都の伏見稲荷の参道を上がったところにある墓地に反響する蛙の声と流水音、そして遠くからぼんやりと聞こえる高校野球の練習の音（トラック3、**音源2－1**）など。どれも音源を聴くとその時の記憶や情景が蘇ってくるようだ。

水の音というのは、もちろん水そのものから聞こえてくる音ではなく、水が何らかの物体に当たったときに発する音のことである。雨音を例に挙げると、コンクリート、砂利道、トタン屋根、車のフロントガラス、傘、発泡スチロール、草地、竹林など雨が当たる物質の素材によってその音色は変化する。つまり、雨音はモノの物質性が可聴化された音としても捉えられる。また季節や地域、天候によっても雨粒の落ちる速度や頻度が異なり、その経時的な変化によって音のパターンが生まれる。私が無意識のうちに水の音に惹かれていたのは、このような物理的な環境要因に応じてその音色が多様に変化する点にあったのかもしれない。またこうした水の音が作りだす時間的なパターンの変化は、例えば、リズム、メロディ、ハーモニーといった音楽的な要素とも結びつきやすいだろう。

さらに、水の音はモノの物質性を可聴化するだけでなく、モノによって構成される空間の物理的な特徴をも反映している。例えば、川の音を録音するとき、周囲が開けた場所と橋の下など周囲を硬い遮蔽物に囲まれた場所とでは、同じ川の音でもまったく響きが異なることに録音する過程で気づいた。つまり、水の音にはその空間の物理的な特徴が反映されているのだ。そう考えると、我々は風景のなかに水の音を聴いているのではなく、水の音に反映された風景を聴いていると言えるのではないか。こうした水の音を通した風景への向き合い方がこの作品のコンセプトになった。

洞窟内の響きを録る

次に洞窟内の響きに焦点を当てた作品を紹介したい。二〇一二年に『Into the Cave』(spalt-ung)という作品をリリースした。これは奥多摩にある日原《にっぱら》鍾乳洞内のサウンドスケープを録音したものである。年間を通じて気温が低い洞内は入り組んでいて奥に長く、内部にはスチールの階段などが設置されている箇所もある。また最奥には広い空間が広がっている。洞内で聞こえるのは、主に流水音と天井から落ちる水滴が地面(砂利、水溜まり、石筍《せきじゅん》、絨毯、階段など)を打つ音である。水滴が地面に当たるときの多様な響きを通してその空間の広さや奥行きが感じられる。これらの水音が洞内の大小さまざまな空間で鳴り響く様子を観察し、録音した。

平日の早い時間帯に行くと自分以外に人はおらず、生物の気配もない。[7] 自分の呼吸音が目立つほどの静寂と暗闇のなかでマイクロフォンが拾う水音をひたすらヘッドフォンを通して聴いていると、自分の身体が何とも不確かな存在に感じられてくる。そうして何度か通ううちに洞内を流れる流水音の速さや天井から落ちる水滴の頻度などが日によって異なることに気づいた。これはおそらくその日までの降水量によって洞内の水量が変わるためであろう。

最初のトラックは洞内に設置された水琴窟《すいきんくつ》の音である（**音源2-2**）。水琴窟とは底部に穴をあけた甕《かめ》を逆さにして地中に埋めて水を張り、上部の穴から落ちる水滴が水面に当たって甕の内部で反響する音を聴く音具（音響装置）である。元々は寺院などの日本庭園にある手水鉢《ちょうずばち》の排水装置としての機能を併せ持っていた。現在では水滴音を奏でる音具としての側面が主となっており、寺院などの庭園をはじめとするさまざまな場所に設置されている。このトラックでは、洞内の水琴窟の音と天井から落ちる水滴音が空間のなかで響き合う様子が収録されている。

水琴窟の音をこの作品の最初に収めたのにはもちろん意図がある。洞内の多様な空間に響く水滴音を録音しているうちに、この鍾乳洞全体が巨大な水琴窟でもあることに気づいたのだ。そして、その内部で録音している私自身もその響きの一部となっているということにも。このように考えていくと、最初に感じていた自分が消え去ってしまうような不安な気持ちはなくなり、自分の身体が大きく拡張されたような感覚になった。マイクロフォンが拾う音をモニターしていると広い洞内のどこにいても、入口から洞内に入って来る人の気配が感じられる。それは洞窟全体に拡張した私の身体が感知したシグナルのようなものである。この作品を通して、私が味わった感覚を追体験してみてほしい。

空間内部の共鳴を録る

色々な場所で音を録っているうちに、特徴的な響きがする空間の音が面白く感じられるようになっていった。ここでいう「特徴的な響き」とは、音響面について言えば、「反響（残響）」、「共鳴（共振）」と呼ばれる現象のことである。とくにラベリアマイクと呼ばれる綿棒の先ほどの超小型マイクロフォン（**写真2－1**）を使うようになってからは、人間の身体が入ることができないような狭い空間の響きに関心が向くようになった。例えば、雨の日に屋外の排水溝のなかで響く流水音、転がったパイプのなか

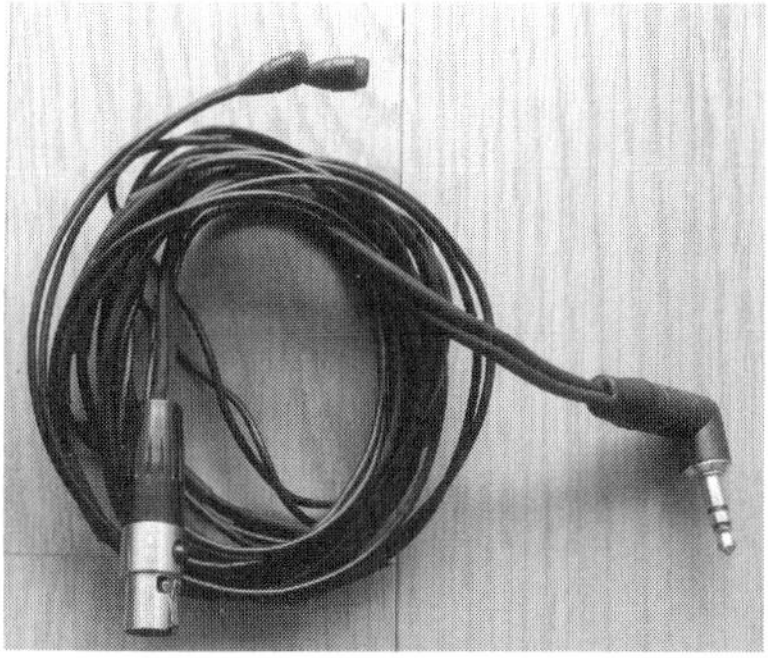

写真2-1：ラベリアマイク

写真2-2：港に転がったパイプ内部の録音。2本のラベリアマイクをパイプ内に入れている

に響く港の音風景。それは自然と人工物が織りなすタペストリーのような響きである。

「転がったパイプのなかに響く港の音風景」の録音[8]を聴いてみてほしい（**音源2―3**）。これは能登半島の輪島から高速船で一時間半位のところにある舳倉《へぐら》島《じま》という小さな島で録音した時の音源で、港に転がっているパイプのなかにラベリアマイクを二本入れて録音した（**写真2―2**）。ゴーという音程感のある、ドローンのような低周波音が強く響き、岸壁や停泊している船にポチャポチャと波が当たる音が聞こえる。時折、カモメの声や漁師の作業音が入るが基本的な音はこの二つである。この強い低

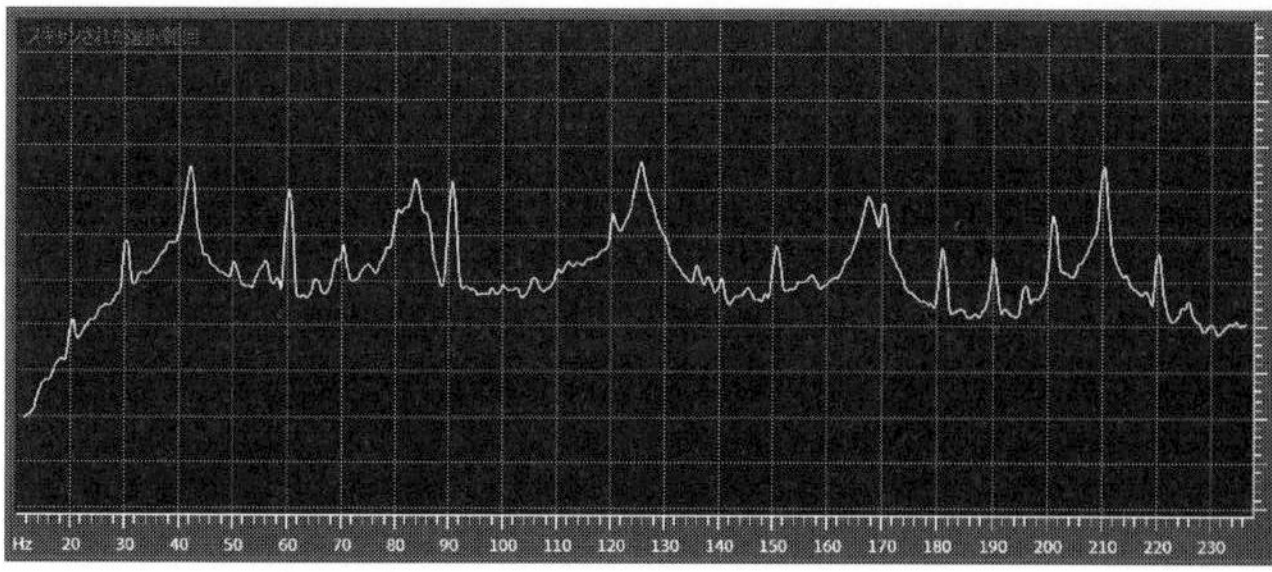

図2-1：パイプ内部の録音の周波数分析。42と30の倍数にピークが見られる

周波音は、その周波数スペクトルを見ると42ヘルツ、84ヘルツ、126ヘルツ、168ヘルツ……および30ヘルツ、60ヘルツ、90ヘルツ、120ヘルツ……と整数倍に並ぶ周波数のピークがある（**図2－1**）。これは倍音と言って電子楽器の音などの人工的な音のほか、ピアノやギター、バイオリンなどの弦楽器、フルートやオーボエなどの管楽器にもみられる、基本周波数の二倍以上の整数倍にあたる周波数成分を持つ音のことを指す。一方、雨や波の音、虫の音など自然音に多く含まれるのは、規則性がない周波数成分を持つ音であり、これを非整数次倍音と呼ぶことがある。つまり、「自然」と「人工物」が織りなす響きとは、このような整数倍音を持つ音源と非整数次倍音を持つ音源が相互に干渉したり、共鳴したりしながら生まれる音のことでもある。

　なおこの低周波音の音源はおそらく港に停泊している船のモーター音だと考えられる。このモーター音の周波数とパイプ内部の固有振動数（パイプの長さによって決まる）が一致した時に、共鳴と呼ばれる現象が起き、その周波数の音が増幅される。そしてこの結果、パイプ内部では一定の周波数の音の振幅が常に大きくなる。それが先に挙げた42ヘルツから始まる倍音であり、これを定常波（定在波）と呼ぶこともある。

また波の音もこのパイプ内部の固有振動数と一致した周波数が強調されるためやや高い響きが強調された音色に変わっている。先ほどの水琴窟でいうと、甕の内部空間にもその甕の大きさに応じた固有振動数（一種の残響）があり、その固有振動数と一致した特定の周波数の音だけが良く響く性質がある。したがって、水滴がピチョンと水面を打つ音のなかのいくつかの周波数成分だけが、甕の内部で強調されてよく響き、その結果、ビーンいう金属的な響きを帯びた音色に変わるのである。以上のことを踏まえると、ある空間の響きは、限定された特定の要因によって決まるのではなく、空間を構成するあらゆるモノの物理的な形状や素材、大きさによって決まってくることがわかる。つまり、空間の共鳴音にはその周囲にあるすべてのモノの物質性が反映されているのだ。

この作品のように狭い空間にマイクを入れて音を聴くと、鍾乳洞での録音の場合とは逆に、自分の身体が小人のように小さくなってその内部の響きを聴いているように感じられる。[9] このように身近な環境にあるさまざまなモノの内部空間にマイクを挿し入れて音を観察してみると、視覚的な外観からは想像できないような音の世界がそこに立ち現れることがある。

風の音を録る

フィールド・レコーディングにおいて、風の音というのはなるべく入らないほうがよいとされる。誰もが聞いたことのある音だと思うが、一般的に「ぼぼぼ」という吹かれ音は不快に感じられるし、強い風にマイクが当たると録音される音も歪《ひず》んでしまう。しかし、時間帯、場所によっても異なるが、屋外では多かれ少なかれ風が吹いているため、ウインドジャマー、ウインドスクリーンと呼ばれる「風防」をマイクロフォンにつけて、風の影響を低減させることが多い。

ではこのように一般的には避けるべき風の音をあえて録音することにどのような意味があるのだろう。また風の音はどのように録音し、作品化することができるのだろうか。

まず風の音を録音するとはどういうことかについて考えてみたい。確認しておきたいのは風の音というのは空気が何らかの理由によって動き、物体に当たった時に生じる音だということである。具体的に説明すると、気流（空気の流れ）が柱状の物体に当たるとカルマン渦と呼ばれる渦が周期的に放出される。この渦がもたらす空気の圧力変動と、渦の放出によって生じる物体上の圧力変動が音となって空気中を伝わり、我々の耳に聞こえるのである。つまり、風の音はモノの物質性が可聴化されて聞こえるという点では雨の音と同じである。雨の音と異なるのは、屋外で風の音を聴くとき、我々の身体も風を受けて体性感覚（触覚、温度覚、振動覚）が刺激されるとともに、身体そのものも可聴化されるという点にある。[10] 風は耳を含む身体全体に直接作用し、それを音源化するのである。

すなわち風の音を録るということは、何らかのモノに風が当たって生じた音（空気の振動）がマイクロフォンの振動膜を揺らすだけでなく、マイクロフォン（とその風防）に直接風が当たることでその物質性そのものが可聴化され、増幅されて録音されるということでもある。もちろんあらゆるフィールド・レコーディングには多少とも風の音が入っているとも言えるので、マイクロフォンの物質性は常に可聴化され、録音された音に含まれていることになるのだが、風の音の場合はそれがより顕著に記録されるのだ。

フランシスコ・ロペス

次に風の音に焦点を当てたフィールド・レコーディング作品を紹介したい。フランシスコ・ロペス（Francisco López 一九六四－）は、サウンドアートや実験音楽シーンの主要なアーティストであり、多数のフィールド・レコーディング作品をリリースしている。ロペスにとって、録音の本質とは、音よりも豊かで重要な世界の記録や表象ではなく、音の内的世界に焦点を合わせ、接近する方法である。[11]そして、聴取がプラグマティックな表象という「用途」から切り離されたとき、音楽があらわれるという。また、ロペスは昆虫学の博士号を持つ学者としての出自を持っているのだが、伝統的な生物音響学の方法、すなわち特定の種《しゅ》の鳴き声を背景の環境音から切り出して種を同定するような還元主義的な録音方法を否定している。録音をリスナーが何らかの具体的な場所や風景を想起させるもの、あるいは、何らかの利用に供するものとして捉えられることを拒否し、「深い聴取（profound listening）」を通して音源に挑戦的に向き合うことで、音を何かの表象ではなくそのものとして聴くこと、ロペスの言う「サウンド・マター」の深部に侵入することを求めるのである。

極めて多作なことでも知られるロペスのリリース作品には、音源が認識できない位に録音した音を加工して制作したものも多いが、なかには録音した音をほとんど加工せずに作品化したものもある。後者のひとつに『Wind［Patagonia］』（and/OAR 二〇〇七）という作品がある。これはパタゴニアの荒涼とした大地に吹きすさぶ風の音を加工したり、ミックスしたりせずに一トラック（五七分弱）を収録した作品である。まずこれほど強風のなか、マイクロフォンがほとんど吹かれずに録音できていることに驚く。おそらく高性能な風防を使用し、さらにマイクが強風で動かないよう厳重に固定したのだろう。

この作品のライナーノーツにはこう記されている。「風の音は、植物、岩、砂、雪、氷のような変換物を通して聴くことができ、我々の空間認識・距離感、さらには我々自身の身体知覚にさえ影響を及ぼしている」。つまり、この作品から聞こえるのはおそらく風音のみであるが、これはその場所にある植物、岩、砂などさまざまな生物、非生物が風を通して可聴化された音であるということだ。そして、この作品では、通常のステレオ録音に感じられるような左右の定位、前後の奥行きといったものがほとんど消失している。ロペスが言うように、ここでの音は個別に分離した音として聞こえるのではなく、全体として、音の塊のようなものとして聞こえてくるのである。あるいは、定位や奥行きが常に流動し、変化しているため、聴覚がそこに具体的な像を結ばないといったほうが正確だろうか。したがって、視覚的なイメージもそこからはほとんど喚起されない。我々が暴風雨のただなかに放り出されたとき、あるいは竜巻に巻き込まれたときに経験するだろう聴覚や平衡感覚の撹乱、視覚の喪失といった体験に似ているかもしれない。この作品を通して、風という通常は避けられる現象をあえて録音する行為とその音源としての魅力を強く感じるとともに、聴くという行為が全身体的な諸感覚の相互作用のもとでおこなわれているということにもあらためて気づかされるのである。

風を音に変換する楽器

風に関連する作品には、エオリアン・ハープと呼ばれる楽器を用いたフィールド・レコーディングもある。エオリアン・ハープとは、ギリシャ神話に登場する風の神アイオロスの琴に由来する琴型弦楽器で、さまざまな素材と形状のものがあるが、一般的には直方体の木製の箱（しばしばサウンドホールが真ん中あるいは上下に二つ空いている）に弦が張られている単純な構造である。エオリアン・ハープは、自然に吹く風によって音を奏でるため、その音は予測不可能で、人間のコントロールが及ばない楽器として知られる。その発音原理は、風が弦を通過したときに前述のカルマン渦とよばれる空気の渦が発生し、それが加振力（振動を加える力）となって弦を共振させる。さらに弦の振動数（基本周波数およびその倍音）が箱の固有振動数と一致した時に共鳴が起き、音が増幅され人間の耳にも聞こえるというものである。

現在使われているエオリアン・ハープの原型は、一七世紀中頃にイエズス会司祭のアタナシウス・キルヒャーが作ったとされる。一八世紀頃には、ドイツやイングランドで、エオリアン・ハープを公園や中世の城跡、家の開き窓などに設置してその響きを楽しむことが流行したようである。演奏者も意図的に音を発生させる仕掛けもなく、超自然的な響きを奏でるエオリアン・ハープはジェームズ・トムソン、サミュエル・テイラー・コールリッジ、パーシー・ビッシュ・シェリーといったロマン派の詩作や文学作品にも度々登場した。二〇世紀に入ると蓄音機やピアノなどが家庭にも普及したことなどにより、エオリアン・ハープは時代遅れの楽器として使われなくなっていったと考えられるが、二〇世紀後半になるとランドアート、サウンドアートなどの文脈でエオリアン・ハープに着想を得た音響彫刻が野外につくられるようになった。

かくいう私もエオリアン・ハープを制作したことがあるのだが、その動機は、伝説的な楽器の復元や野外に設置する音響彫刻に興味があったからではなく、風の音を可聴化する一種のマイクロフォンとしてフィールド・レコーディングに活用できないかと思ったからである。持ち運びが容易な小型のハープを制作して、さまざまな場所に持っていき、その場所の環境音とともにハープの響きを録音したら面白いのではないかと考えたわけだ。

それでホームセンターに行って、木材と弦を購入し、制作を試みた。ファルカタ材とよばれる、とても軽く、柔らかく、安価な木材で直方体の箱を作り、表面に二つサウンドホールを空けた。サウンドホールを二つ空けた理由は、それぞれの穴にマイクを入れてステレオで録音しようと考えたからである。弦は水糸とよばれる工事現場で使われるポリエチレン製の糸を張った。弦に水糸を使ったのは知り合いのアーティスト、ジョン・グリズニッチに教えてもらったからである。弦を張るピンはアルミ製のヒートンを使い（後にハープ用のピンを使った）、木材の余りでブリッジを作り、弦を張った。また三脚に固定して録音できるように、ハープの底面に止めねじを付けた。このように特別な技術が必要な部分はほとんどなく、制作自体は簡単であった。

そして制作したハープを近所の公園に持って行って鳴らそうとしたのだが、はじめのうちはなかなか音が鳴らなかった。鳴ったとしても耳をハープに近づけてわずかに聞こえる程度で、音は持続せず、すぐに止んでしまった。その後、あきらめずに、弦の張り具合、風向きに対するハープの角度など試行錯誤を繰り返し、ようやく厚みのある倍音豊かな音が出たときはとても感動した。色々と試してみてわかったのは、弦はある程度強めに張る必要があること、すべての弦を同じ位のテンション（音高）に調律すると音が鳴りやすい（共鳴しやすい）こと、風が弦とボディの間を通過するようにハープを置くと鳴りやすいことなどである。また風は強いほどよいというわけではなく、そよ風でも一定の強さと風向きで安定して吹いている方がよく鳴るらしいこと、音が鳴り始めるとフィードバックのように音量が増していき、音色も段階的に変化していくことなどがわかった。また風には通り道があり、それは地形、建物などの物理的な環境にも左右されることにもその過程で気づいていった。

これほど音を鳴らすのが難しく、音が鳴ること自体が特別な体験として感じられる楽器は他にないだろう。何よりもハープを鳴らすのは人ではなく、自然の力であることが他の楽器との大きな違いである。そして、ハープを色々な場所に持っていき、音を鳴らそうとする行為は、風の通り道や風向きなど普段意識しない地形や環境の変化を意識化させる。つまり、エオリアン・ハープは単に珍しい楽器というだけでなく、風の通り道を探し、風を掴み、環境との相互作用で音を響かせるプロセスを通して、それを使用する者の身体と環境との関わりが不断に再構築されていくインターフェイスとしての楽器なのである。

エオリアン・ハープの録音

エオリアン・ハープ（**写真2—3**）を録音するときは、ハープを三脚に固定し、ハープ本体に空けた二つのサウンドホール内にウインドジャマーをつけたラベリアマイクを固定し、マイクが直接風に吹かれないようにサウンドホールをテープで塞ぐ。さらにマイクのケーブルが風に吹かれて動かないようにハープのボディにテープで固定する。ハープとマイクを固定したら、レコーダーの録音レベルを調整する。風の状態は刻々と変化する。最初は小さな音でも、突然の強風で大音量になることがあるため、音が歪まないように、録音レベルはある程度余裕を見て設定しておくとよい。ヘッドフォンでモニターしながら数分間録音して問題なさそうであれば、ハープから離れて録音する（私の場合は一〇分～二〇分程度が多い）。そしてまたハープの設置方法や録音ポイントを変えて同じように録音していく。

同じ場所でも録音ポイントや時間帯を変えると、周囲の地形や風のコンディションなどが変わるため、ハープの鳴り方も異なってくる。例えば、同じ公園でもブランコの近くと砂場ではまったく違う音が鳴るかもしれないし、風向きや風速は一日のなかで常に変化しているため、同じ場所でも朝と夜ではハープの鳴り方は異なる。

そうして録音した音源を聴いてみると、ハープの弦や木箱が共鳴する音だけでなく、ハープの外から混入するさまざまな環境音が記録されていた。環境音はハープの弦を通過し、木箱のなかで反射を繰り返すことで変調され、ぼやけて曖昧な音像として聞こえる。ハープの共鳴音が強いときは、これ

写真2-3：エオリアン・ハープの録音風景

らの環境音は後景に退く。一方、ハープの共鳴音が弱いときは、環境音は前景に現れる。環境音の大きさはほぼ変わらないが、ハープの共鳴音が波のように強くなったり、弱くなったりするなかで、外部の環境音は相対的にその音量が強く聞こえたり、弱く聞こえたりするのである。

筆者がこれまでにエオリアン・ハープを使って録音した主な場所を以下に挙げる。

- 気比《けひ》の松原《まつばら》（福井県敦賀《つるが》市）
- 成ヶ《なるが》島《しま》（兵庫県洲本《すもと》市由良町由良）
- 野田川親水公園（京都府与謝郡与謝野町滝）
- 滝の千年ツバキ公園（京都府与謝郡与謝野町滝）
- 加悦《かえつ》双峰《そうほう》公園（京都府与謝郡与謝野町与謝）
- 巌門《がんもん》（石川県能登地方羽咋《はくい》郡志賀町）
- 舳《へ》倉島《ぐらじま》（石川県輪島市海士町）
- 金生《かなぶ》山《やま》（岐阜県大垣市赤坂町、地元では「きんしょうざん」と呼ばれる）

これらの録音をまとめた作品『Path of the Wind』（Gruenrekorder）を二〇一八年にリリースした。

エオリアン・ハープの響きには、これらの場所がもつ生態・地形・歴史といった固有の脈絡と、録音した場所、時間帯の天候などが内包されている。その土地ごとに堆積した歴史の層がエオリアン・ハープの響きを通して現前化されるのである。例えば、滝の千年ツバキ公園では、推定樹齢一二〇〇年の大椿の近くにハープを設置して録音したが、ゆったりとしたハープの響きと近くを流れる小川の緩やかかな音や椿の葉擦れ音が、風の状態によって地と図が入れ替わるように、前景化されたり、後景に退く様は、その場所に堆積した歴史の深さを想像させる（**音源2–4**）。環境との相互作用で音が鳴るハープの響きを録音するということは、特定の場所、時間と結びついた生態・地形・歴史・気象的側面を記録することであるとも言えるだろう。

エオリアン・ハープは弦楽器として、それ自体が響き、音を出す発音体（sounding body）であると同時に、風の力を音に変換する変換器（transducer）でもあると言えるし、周囲の環境音を変調させる装置（effector）としても捉えることができる。このようにエオリアン・ハープは「風」という眼に見えない自然の力を音として現前化する装置であり、それを使用する者の環境に対する気づきを促し、環境に対する意識や関わり方を変化させるような触媒としての役割がある。

この章ではさまざまな環境の響きをマイクロフォンを通して観察し、記録することについて、主に私自身の経験から述べてみた。アプローチの方法はそれぞれ大きく異なっているが、いずれの場合でも録音のプロセスを通して録音者自身の身体と環境との関わり方が変化していくことはわかっていただけただろうか。普段何気なく生活している環境、視覚的に見ればどうということのないような場所であっても、音（振動）の面に焦点を当てて向き合うことでこれほど驚くべき未知の世界が広がっているのである。フィールド・レコーディングの面白さのひとつは、録音という行為を通して「世界」を異なった視点から見ることができるようになること、いわば「世界」に対する新たなまなざしを獲得できることにある。

そしてこうしたフィールド・レコーディングに対する考え方は自身が録音者となる場合はもちろんのこと、他のアーティストの作品を聴く際のひとつのガイドにもなるだろう。そのアーティストがいかに環境と向き合い、どのような視点から環境を観察し、その響きを捉えようとているのか、そのプロセスを作品から読み取ることができるかもしれない。そう考えれば、そのアーティストはなぜそのようなアプローチをとったのか、そこから何を感じとり、何に心を動かされたのかというところにまで関心が向くはずだ。録音された音の表面をなぞるだけではなく、自分というマイクロフォンをその作品＝環境に向けて、自分自身が変化する経験をしてみてほしい。

[注]

1 以下を参照した。Tom Flint「Chris Watson: The Art Of Location Recording」https://www.soundonsound.com/techniques/chris-watson-art-location-recording

2 Pascal Wyse「A boom on the wild side」からの引用。https://www.theguardian.com/film/2007/jan/31/music.features

3 石上文正「「環境」の定義について」（二〇一一）を参照した。

4 録音対象、状況、意図によっては、歩きながら録音することも、録音中はマイクから離れた場所で待機していることも、録音機とマイクをセットして次の日に回収することもある。

5 例えば、遠くの被写体を撮影するときにズームレンズを使うように、遠くの音源を録るときには指向性の鋭いガンマイクを使うことがある（コラム1参照）。

6 もちろん学術的な目的で録音する場合など、録音対象にもよるが、機材のセッティングや気象条件などをできる限り統一することが必要な場合もある。

7 その後わかったことだが、洞内にはコウモリが生息しているようである。

8 この音源は、V.A.『Hodokeru Mimi』（901 Editions 二〇一九）のトラック4〈A. Frogs B. Water Way C. Inside A Pipe〉に収録されている。

9 例えば、スタジオジブリの映画『借りぐらしのアリエッティ』（米林宏昌監督、二〇一〇）では小人の目線からの音響世界が描かれている。

10 もちろん、雨を直接身体に浴びながらその音を聴くこともあるだろう。

11

ロペスのステートメントは本人のウェブサイトで公開されている（http://www.franciscolopez.net/env.html）。また翻訳にあたり、フランシスコ・ロペス「エンバイラメンタル・サウンド・マター」（二〇一〇）を参考にした。

column2

マイクロフォンとステレオ録音の方式（2）

ステレオ録音の方式

マイクロフォンは基本的に一本ではモノラルの音声を録音する。ステレオ録音とは二本のモノラルマイクを使って録音することを指す。本書で紹介するフィールド・レコーディングのほとんどはステレオ録音である。ステレオ録音には、二本のマイクの設置の仕方により、さまざまな方法がある。

もっとも基本的な方法がＡＢ（Ａ－Ｂ）方式と呼ばれる録音方式である。これは二本のマイクロフォンを平行に並べて録音する方法で、左右のマイクに届く音の時間差でステレオ感を作る。空間の広がりや響きを捉えやすい録音方式である。ＡＢ方式は主に無指向性マイクを使い、マイクの距離は二〇〜六〇センチ（あるいはそれ以上）離して設置することが多い。

次に、フランス放送協会が考案したＯＲＴＦ方式がある。これは、二本の単一指向性マイクを一一〇度の開き角で、一七センチ離してセットする録音方式である。またオランダ放送協会が考案したNOS方式は、二本の単一指向性マイクを九〇度の開き角で三〇センチ離してセットする録音方式である。

　二本の単一指向性マイクロフォンを九〇度の角度で同軸上に重ねてセットする録音方式がXY方式である。また単一指向性マイクと、双指向性マイクを九〇度の角度で同軸上に重ねて配置した録音方法をMS方式と呼ぶ。XY、MS方式は、マイク間の距離がないため位相差が出にくく、各音源の定位が明確になりやすい。

一方、ステレオイメージはAB方式などマイクの間隔を空けて録音する方式に比べると狭い傾向がある（ただしMS方式では、録音後にステレオイメージの広がり具合などの調整ができる）。その他、第1章で述べ

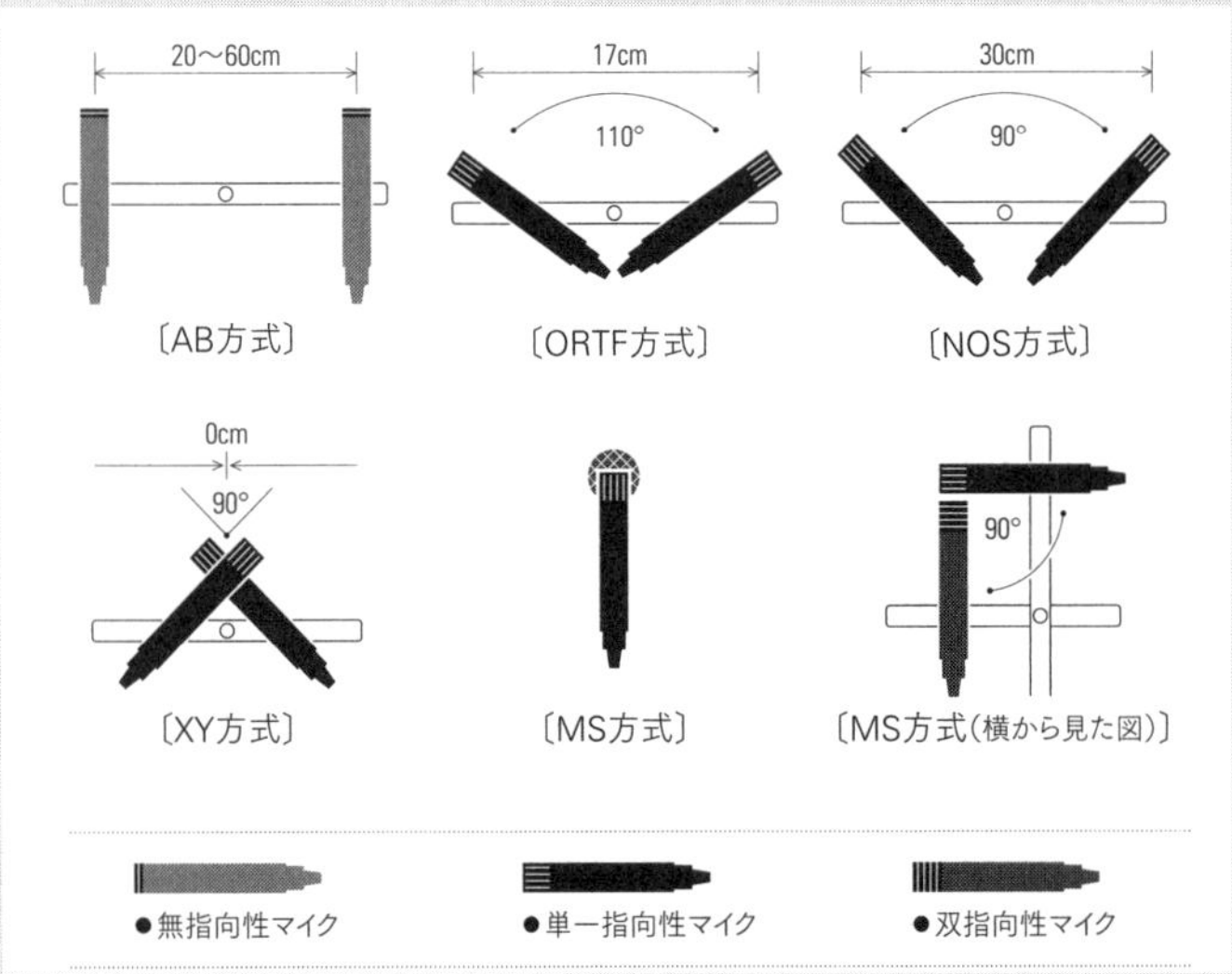

ステレオ録音の方式

たダミーヘッド（あるいは人の頭）を用いるバイノーラル録音もステレオ録音方式のひとつである。

なお本書では扱わないが、多数のマイクを用いたサラウンド方式（基本は五・一チャンネル）、四つのマイクカプセルを四面体に配置したアンビソニックマイクを用いたアンビソニックス方式などさまざまな立体音響の録音方式がある。

ただし、ここまで述べてきたステレオ録音の方式は基本的にスタジオやホールで音楽を録音するときのセオリーであり、場所や空間の響きを録音するフィールド・レコーディングでは必ずしも厳密に採用する必要はないだろう。むしろこれらの方式にとらわれず自分なりにアレン

AB方式での録音風景

ジして、実験的にセッティングをおこなうことで面白い録音ができる可能性がある。

マイクロフォンの種類

次に市販されているマイクロフォンの種類について簡単に説明する。一般的にフィールド・レコーディングには比較的軽く、扱いやすい小口径のダイアフラム（スモールダイアフラム）のコンデンサーマイクが適しているだろう。また、二つのマイクカプセルをXY方式かMS方式に固定したステレオマイクと呼ばれるものがある。例えば、Rode NT4は単一指向性のマイクカプセルをXY方式で固定したマイクで、フィールド・レコーディングでもしばしば使われる。ステレオマイクは一本でステレオ録音が可能なため利便性に優れているが、マイクカプセルが固定されているため、セッティングの自由度という点では劣る。

またラベリアマイク（ピンマイク）と呼ばれる超小型のマイクがある。第2章で述べたように、ラベリアマイクは耐湿性に優れた機種が多く、持ち運びが容易で、セッティングも

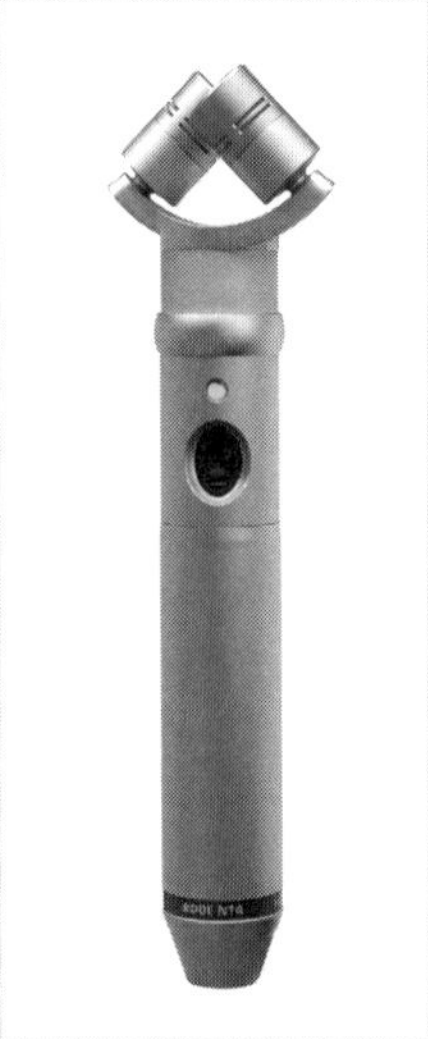

Rode NT4（出典：Rode社公式サイト）

自由におこなえるためフィールド・レコーディングにも向いている。またダミーヘッドや人間の頭に固定して使うバイノーラルマイク、パラボリックリフレクターを使用した指向性の鋭いパラボラマイクなどもしばしば用いられる。また第5章で述べるように、個体の振動音を録音する際に用いるコンタクトマイク、水中の音を録音する際に用いるハイドロフォンなどの特殊なマイクもある。

マイクロフォンは、録音対象、場所、方法、用途、予算などをもとに選ぶ必要があるだろう。注意すべきなのは、スタジオ録音やコンサートの収録で定番の機種が必ずしもフィ

ダミーヘッドを用いたバイノーラル録音の様子

ールド・レコーディングに適しているわけではないということである。スタジオやコンサートホールのように温度、湿度がコントロールされた環境とは異なり、フィールド・レコーディングはしばしば高温、多湿、厳寒、砂塵が舞うような過酷な環境でおこなわれるからである。フィールド・レコーディングにも定評のあるマイクロフォンを製造・販売している音響機器メーカーに、Audio-Technica、DPA、Earthworks、Rode、Sanken、Sennheiser、Shureなどがある。またCore Sound、LOM、micbooster、Microphone Madness、Sound Professionalsといった海外の小規模メーカーもフィールド・レコーディングに適した小型のマイクを製造・販売している。

近年、アーティストのブログやインタビュー記事、フェイスブック、ユーチューブなどでもフィールド・レコーディングの機材や使いこなしに関する有益な情報が見つかることがある。そうした実際に使用している人の感想も参考にしてほしい。

第3章

音 楽 の 響 き を 録 る

本章では「音楽」のフィールド・レコーディングについて筆者の活動を中心に紹介する。第1章で述べたように、一九世紀末から現代にいたるまで世界各地のさまざまな音楽、儀式、オーラル・ヒストリー、民謡などを対象に各時代、地域の民族音楽学者、人類学者、民俗学者、社会学者、言語学者などがフィールド・レコーディングをおこなってきた。それらの録音は学術的な資料として保存され、研究や教育活動に活用されてきただけでなく、レコードやラジオ放送などを通して社会に広く流通することで、さまざまな音楽ジャンルやアートにも影響を与えてきた。

こうしたフィールド・レコーディングの主な対象となった「音楽」は、偉大な作曲家が残した楽譜（作品）を特別な才能を持つ「ミュージシャン」や「シンガー」がステージ上から聴衆にむけて演奏する「音楽」ではなく、庶民の間で口頭伝承により受け継がれ、仕事の余暇の際に談笑しながら演奏したり、地域共同体における宗教的な儀礼・祭礼において神や精霊と交信するために演奏したりするような「音楽」である。すなわち、フィールド・レコーディングは西洋中心的な

「音楽」や「曲」の概念自体を相対化し、世界中のリスナーに「音楽」の多様なあり方を伝えてきたのである。

そして現代では、レコード、CD、デジタル配信などの形で世界各地の「音楽」を記録したフィールド・レコーディング作品が流通している。そのなかには、従来の「民族音楽」や「ワールドミュージック」のジャンルに収まらないような西洋音楽（楽器）と混淆した土着の音楽、現地のローカルマーケットで流通する音楽など、キメラのようにさまざまな要素を併せ持った「音楽」があり、それらが欧米の民族音楽レーベルによってリリースされることで、現代の先端的な音楽と同じように聴取され、流通するようになっている。

ベトナムのゴング文化

「音楽」のフィールド・レコーディングの例として、私が二〇〇六年から断続的に調査をおこなってきたベトナム中部高原の少数民族が受け継ぐ金属打楽器ゴングを中心とする「音楽」あるいは音文化のフィールドワークを紹介したい。

当地のゴング・ミュージックに興味を持ったのは『Gongs Vietnam-Laos』（Playa Sound 二〇〇二）

という一枚のCDがきっかけであった。多数のゴングをタイミングをずらして叩くことで生まれる重層的な響きと琉球音階を思い起こさせるどこか懐かしいミニマルな旋律にやられた。伝統的な音楽でありながら、現代の先鋭的な音楽にも通じる実験性を持った新しい音楽にも聞こえたのである。またライナーノーツにはゴング演奏のさまざまな文脈が説明されていた。先行研究を調べてみると、当地は複雑な歴史を抱えた地域であり、外部の研究者による調査が難しいため、ゴングについてもほとんど研究がおこなわれていないことがわかってきた。当時、大学院に進学したもののなかなか熱意をもって取り組める研究テーマが見つからなかった自分にとって、ようやくこれしかないと思える対象と出会った瞬間だった。

ベトナム中部高原とその周辺地域には「ゴング文化」と呼ばれる特徴的な文化がある。ベトナム中部高原には多くの先住少数民族が居住しており、話す言語も生活様式もそれぞれ異なるが、彼らの文化に共通して重要なのがゴングである。ゴングにはヤーンと呼ばれる精霊が宿っていると考えられており、村落共同体の重要な儀礼・祭礼の際に演奏される。ゴングの種類や奏法、演奏形態、演奏機会などは民族や地域によっても異なるが、私が主に調査をおこなっているバナ、ジャライと呼ばれる少数民族が使うゴングは一セット十数枚で構成され、主に旋律を担当する打面が平らな平ゴングと、主にリズムパターンを担当する中央に半球型の突起があるこぶ付きゴングの二種類を演奏に用いる（**写真3－1**）。ゴングセットは各民族のゴング調律師が適切な音階、音色に調律し、演奏に用いられる。各演奏者は一人一枚肩からゴングを紐でかけて保持し、儀礼柱などの周りを反時計回りに歩きながら、それぞれのゴングを適切なタイミングで打つことで演奏をおこなうのである（**写真3－2**）。

写真3-1：平ゴングとこぶ付きゴング

写真3-2：ゴング演奏の様子

二〇一九年に私はベトナムのゴング文化の研究内容をまとめて『ベトナムの大地にゴングが響く』（灯光舎）という書籍を出版した。内容についてここでは詳しく紹介しないが、同書の特徴として、私が現地調査（フィールドワーク）で記録した映像や録音をQRコードから視聴できるようにした点が挙げられる。これは文章や写真では表現することが難しい音や身体動作、場の雰囲気を読者に対して具体的に提示できるという意義がある。例えば、葬送儀礼の際には、多数の村人（一二人〜二〇人程度）が異なる音の高さに調律された大小のゴングを一人一枚持ち、霊廟の周りを反時計回りに歩きながら演奏するが、このようなパフォーマンスの動態を文章と写真のみで伝えるのには限界があるだろう。

近年、映像・録音機器が小型化・デジタル化したことにより、音楽芸能をはじめとする無形文化の調査研究に映像・音響メディアが欠かせないものになった。私自身も映像や録音メディアを用いて現地の文化を記録し、それを分析することで研究を進めてきた。さらに、記録した映像や録音を編集して映像作品やフィールド・レコーディング作品を制作し、研究成果を一般社会に向けて公開してきた。私のベトナムでのフィールド・レコーディングはこのような研究活動の一環としておこなってきたものである。

このように現在CDやレコードの形で流通している「民族音楽」は、歴史的に見れば、研究者のフィールドワークの成果をより具体的に伝えるために制作されてきたという側面がある。例えば、第1章で紹介した膨大な民族音楽のリリースがあるヒュー・トレイシーやアラン・ローマックスも民族音楽学者である。しかし、こうした「音楽」のフィールド・レコーディングは、実際にはその本来の意図からは離れて、他の一般的な「音楽」と同じように聴取されることが多いのもまた事実である（そして、それは決して悪いことではない）。本章でこれから述べていくのは現代ではあまり意識されることの少ないこうした「音楽」のフィールド・レコーディングとしての意義である。「音楽」の録音物には記録された音のなかにさまざまなものが織り込まれており、そうした録音の文脈を理解することで現地の「音楽」をより深く理解し、楽しむことができるだろう。

バナ族の「音楽」を録る

ここからは具体的な録音の実践について紹介したい。私は二〇〇六年から二〇一五年にかけてベトナム中部高原でおこなったフィールドワークで先住少数民族の「音楽」を録音してきた。そしてその録音音源からバナ族の音楽に焦点を当てたアルバム『Music of the Bahnar People From the Central Highlands of Vietnam』をアメリカのシアトルを拠点とするレーベル、Sublime Frequenciesから二〇一六年にLPレコードでリリースした。このレーベルは、いわゆる「民族音

表3-1:『Music of the Bahnar People From the Central Highlands of Vietnam』の収録曲。録音方式はすべて「無指向性AB」、マイクの「コンデンサー」は「スモールダイアフラム・コンデンサーマイク」、「ラベリア」は「ラベリアマイク」を指す

	タイトル	録音場所	マイク
A1	Bamboo fiddle with mouth resonator(K'ni)	民家	コンデンサー
A2	Bamboo zither (Tinh Ninh)	民家	コンデンサー
A3	Folk song #1	民家	ラベリア
A4	Bahnar Easter	屋外	ラベリア
A5	Bamboo fiddle with mouth resonator (solo#1)	民家	コンデンサー
A6	Gong playing in funeral #1	集会所	コンデンサー
B1	Bamboo zither song	屋外	ラベリア
B2	Gong playing in funeral #2	集会所	コンデンサー
B3	Folk Song #2	民家	コンデンサー
B4	Bamboo zither with bowl resonator	民家	コンデンサー
B5	Blang tree (gong playing)	集会所	コンデンサー
B6	Bamboo fiddle with mouth resonator (solo#2)	民家	コンデンサー

楽」だけでなく現地のラジオやローカル市場で流通する音楽など、独自の視点から世界各地の「音楽」を紹介するレーベルとして世界中に根強いファンがいる。

本作品で収録したトラックはA面六曲、B面六曲の全一二曲である。**表3−1**にトラックタイトルと録音場所、録音方法について記す。

まずクニ（K'ni）と呼ばれる擦弦楽器を中心とする演奏を三曲（A1、A5、B6）収録している。この楽器は、中部高原の先住少数民族バナ、ジャライなどに伝わる竹製の伝統楽器で、奏者の口を共鳴

写真3-3：伝統楽器を演奏するバナ族の人々。前方の奏者が弓奏する楽器がクニ、伴奏楽器は右からトルン、クロンプット、グーン・ティンレン

体（レゾネーター）として用いるのが特徴である（**写真3−3**、**音源3−1**）。奏者は竹製の弓で弦を擦《こす》るとともに、共鳴弦と結ばれた駒を口に咥えて引っ張り、口の開き具合でその音色をヴォコーダーのように変化させながら演奏する。この風変わりな音と奏法をもつ楽器を、レーベルオーナーのアラン・ビショップがとくに気に入り、結果的に同じ曲の異なるバージョンを三曲も収録することになった。ティンニン（Tinh Ninh）と呼ばれる竹筒琴(bamboo zither)も中部高原ではポピュラーな楽器であり、本作では三曲（A2、B1、B4）収録している。これは竹筒のボディに一一本の弦が張ってあり、瓢簞《ひょうたん》の共鳴体を奏者の胸に押し付けるようにして持ち、両手の指（親指と人差し指）で弦を弾いて演奏する。B面の一曲目ではボディにピックアップを付けてギターアンプに接続できるように改

写真3-4：ティンニン（右）とゴングの合奏

造した「現代的な」竹筒琴をこぶ付きゴングとともに演奏している（**写真3ー4**）。アンプに接続してティンニンの音を増幅することで、ゴングや太鼓の音にかき消されず一緒に演奏できるのである。ここではティンニンがメロディ、こぶ付きゴングと太鼓（床に置いた大太鼓と手持ちの両面太鼓）がリズムの役割を担っている。

B面の四曲目では、共鳴体の瓢箪が壊れていたため、代わりにブリキの容器を共鳴体として使っているティンニンの演奏を収録した。ブリキの共鳴により、通常のティンニンの音にメタリックな響きが加わっている。また弦は自転車のブレーキワイヤーをほぐしたものを使っているとのことだった。このように楽器の一部が壊れたり、本来の素材が手に入らないときに、手近にあるモノを用いてやりくりする「ブリコラージュ」の感性が彼らの文化には息づいており、このトラックにはそうした工夫が「響き」として表れている。

またバナの伝統的な民謡も二曲収録した(A3、B3)。その内の一曲は男性によるアコースティック・ギターの弾き語り、もう一曲はアコースティック・ギターを伴奏に女性が歌う曲である。これらの歌詞内容はバナ族の歴史や生活を表したものであり、メロディもバナの伝統的な音階であるが、ギターという西洋の楽器(響き)を柔軟に取り入れながら、「伝統」が受け継がれていっていることがわかる。

そして、ゴング演奏を含む録音を四曲収録した(A4、A6、B2、B5)。A面の四曲目はバナ族のイースター(復活祭)の様子を録音したものである(**音源3ー2**)。この録音の際にはこんなエピソードがあった。

ベトナム中部高原北部のコントゥム(コントゥム省の省都)に滞在していた私は、ある時、仲良くなったバナ族の女性から自分の村の教会でイースターがあるから見に来ないかと誘われ、よくわからないままついていくことにした。コントゥムでは一九世紀中頃からフランスのカトリック宣教団が中部高原で布教活動をおこなってきた歴史的背景があり、当地のバナ族の多くはカトリックを信仰している。一方、当地の少数民族はヤーンと呼ばれる精霊に対する信仰を持っている。したがって、バナ族の村落では「ロン」と呼ばれる伝統的な集会所などでおこなわれる精霊信仰に関わる儀礼とともに、カトリックの教会でおこなわれる典礼行事があり、土着の宗教と外来の宗教が併存する混淆的な様相を呈している。

夕方頃に村に着くと、すでに教会前に仮設の野外ステージが作られ、多くの村人が集まっていた。司祭が聖書を朗読し、ステージ上では民族衣装を着た若い女性が踊り、コーラス隊の斉唱に合わせてその場に集まった聴衆が聖歌を歌う。聖歌はバナ語に翻訳されたもので、その旋律は伝統的なバナの旋律である。ステージ裏では、電子オルガンに加えて、ゴングやシロフォンといった伝統楽器が聖歌の斉唱の伴奏として演奏され、厳かな場の雰囲気を高めていた。

正直に言えば、カトリックの儀式でゴングなどの伝統的な楽器は使われないだろうと思っていたので驚いた。野外の虫の音が響くなかで、その琉球音階にも似たどこか懐かしい印象の聖歌とこぶ付きゴングが奏でる重層的な音色、コロコロと乾いた音を立てるシロフォンの響きが合わさった音に得も言われぬ美しさを感じた。そこですぐにハンディレコーダーとラベリアマイク（DPA 4060）を使って手持ちで録音を始めたのだった。このようにフィールドでの録音機会は予期せぬタイミングで突然生じる。こうした機会を逃さないために、私はすぐに録音が開始できるよう小型の使い慣れた機材を常に持ち歩いていることが多い。

その他、ゴング演奏のトラックの内三曲はロンと呼ばれるバナ族の伝統的な高床式の集会所（**写真3－5**）のなかで収録した（**音源3－3**）。集会所は数十メートルに及ぶ大きく湾曲した草葺き屋根を持ち、内部は竹編みの壁や床のため、風通しが良く、日中でも野外に比べるとずいぶん涼しい。

写真3-5：「ロン」と呼ばれる高床式の集会所

ゴング演奏は二〇人近くの演奏者が必要なため、事前に録音したい旨を村のリーダー格の人に伝えて演奏者を集めてもらい録音をおこなった。私が訪問した村のほとんどには最低でもひとつはゴング演奏グループがあり、村毎に異なる曲が受け継がれていた。

例えば、バナ族の場合、こぶ付きゴングの奏者は三名、平ゴングの奏者が七～一〇名、太鼓の奏者が一～二名が基本的なゴングアンサンブルの構成になる。村落によってこぶ付きゴングの奏者が増えたり、小さなシンバル状の楽器を擦り合わせて演奏する奏者が数名加わることもある。私は一〇〇を超える少数民族村落を訪れて多くのゴング演奏を録音してきたが、ひとつの村でも儀礼ごとに複数の曲が受け継がれていることがわかった。そして、例えば、ジャライ族の葬礼の際には、近隣の村からもゴング演奏グループがその村のゴングセットを持参して葬式をおこなう村に集まり、それぞれのグループが夜通し交替で（複数のグループが同時に演奏する場合もある）その村で受け継がれているさまざまな曲を演奏する。このような村ごとに異なる演奏曲の多様性は驚くほどであった。

「音楽」のフィールド・レコーディング

レコードに収録したゴング演奏の多くは、カメラ用三脚の上にステレオバーとピストルグリップを付け、無指向性のコンデンサーマイク二本を二〇センチほど間隔を空けて平行にセットするAB方式で録音した。一般的に「音楽」のフィールド・レコーディングは演奏音以外の音をできるだけ入れないよう単一指向性マイクを使うことが多い。しかし、私は「音楽」の録音でも環境音を録る場合と同じように無指向性マイクを使うことが多い。その理由のひとつは、周囲の環境音や場の響きを含めて「音楽」を収録したいと思っているからである。例えば、民家や集会所のなかで収録した録音を聴くと、屋外の虫の声や犬の泣き声、バイクなどの交通音、子供の声などがいたるところに入っている。それらの環境音は「音楽」の録音にとって不要なノイズではなく、むしろその場の雰囲気、空気感を伝える重要な要素であると私は考えている。さらに言えば、木造家屋の響き、集会所内部の柱や壁、梁、供犠《くぎ》された水牛を繋いでいた綱、水牛の頭骨、周りで静かに見守っている家族や村人の存在、マイクと録音対象との距離感、さらには私と録音対象との関係性や録音にいたるプロセス、そうしたさまざまな文脈が録音内容には自ずと反映されている。そして、こうした現場の特徴的な響きや雰囲気を捉えることが、「音楽」のフィールド・レコーディングにとって重要だと思うのだ。

もう少し説明すると、「音楽」というものは演奏者や楽器だけでなく、その場を構成するあらゆるモノ、人との相互作用において生成されると私は考えている。それは物理的な場の響きや音響特性、あるいは聴衆の存在や反応が演奏に与える影響といったことだけを指しているわけではない。例えば、ゴング演奏者は、演奏の場の「雰囲気」を感じ取りながら「音楽」を奏でる。つまり、その場の匂い、さまざまなモノが放つ色彩、光の濃淡、湿気を帯びた空気、埃っぽさ、他の奏者や聴衆の身体、視線、録音者と録音機材の存在、外の環境音などを感じ取りながら、自らが発する響きを通してその場と呼応しているのである。またゴングが演奏される場では、多数のゴングの響き（倍音）が重層的に重なり、共鳴し合うことで「うねり」のようなものが生まれ、それが周囲のあらゆるモノや身体を強く振動させる。そして聴衆（録音者も含む）は、そうした演奏者と場所の響きを介した相互的、反復的なコミュニケーションのなかに自らの身体を参加させ、そのなかに没入していく。その結果、演奏者、聴衆、モノという境界は溶解し、ただその場の全体が「響き」として立ち現れる。すなわち「音楽」のフィールド・レコーディングとは、このような相互行為のプロセスに参入しながら、その響きを内部から観察し、描写する行為なのだ。

無指向性マイクを使うもうひとつの理由が、周波数特性である。無指向性マイクは単一指向性マイクに比べて周波数特性が広いものが多い。単一指向性マイクはその構造から、音源に近づけるほどに低音が増大する「近接効果」と呼ばれる現象が発生する。この近接効果を緩和するために、「ロールオフ」と呼ばれる低域の感度を落とす補正による調整がされていることが多いのである。[1] したがって、単一指向性マイクでは、もちろん機種にもよるが、直径の大きなこぶ付きゴングが出す身体を揺さぶるような重たい低音の響きを十分に録音することが難しい。それは耳に届く音というより身体に伝わる空気の揺れであり、周波数でいえば20〜70ヘルツ程度の非常に低い音である。市販されている「民族音楽」のCDを聴くと、録音あるいは編集の段階でこの辺りのロー（低域）はかなり低減されているように感じる。その理由のひとつとして考えられるのは、低域の音圧レベルが強いと、相対的に中域のメロディやハーモニーが聞こえづらくなるからだ。また屋外の録音では風防をつけても天候によっては風の音が多少なりとも入ってしまうため、風切り音を低減させるために録音あるいは編集の段階でローカットしていることも多い。

例えば、先述した『Gongs Vietnam-Laos』もおそらく単一指向性マイクを使っているのであろう、こぶ付きゴングの身体を揺さぶるような低音はあまり聞こえず、逆に平ゴングの旋律やハーモニーははっきりと聞こえる。これはさまざまな再生装置で再生されることを考慮した市販のCDとして正しいバランスと言える。しかし、私には先述したこぶ付きゴングの身体を揺さぶるような低い音により紡がれるリズム（太鼓も含む）こそがゴング音楽の根幹を成していると感じられたため、そこはなるべくカットせずに収録したかったのである。ただし、これは現場で実際に体感するゴング演奏の「リアリティ」をいかに忠実に記録するかということではなく、私がゴング演奏をどのような「音楽」として捉えているのかを表現するために、そのような録音方法をとったということである。

私が使用した無指向性マイク（Sennheiser MKH8020）は、20ヘルツ以下の超低周波もかなり拾うため（三脚から伝わる振動も拾う）、低音が過多になりやすい。またこぶ付きゴングと太鼓の音は平ゴングの音に比べて相対的な音圧レベルがかなり高いため、マイクからの距離が平ゴングと同じような位置だと、平ゴングの旋律やハーモニーがそれらの音にマスクされて聞こえづらくなる。したがって、マイクから一番近い位置（約二〜三メートル）に平ゴングを、少し離れた位置（約四〜五メートル）にこぶ付きゴングを、瞬間的な音圧レベルがもっとも高い太鼓はさらに離れた位置で演奏してもらうことで全体のバランスをとった。このように、フィールド・レコーディングの現場では、楽器の演奏形態、演奏音の音圧レベルと周波数、マイクの特性と感度、音源とマイクの距離、風の有無、空間の広さと響き方（残響時間）、周囲のモノや人の位置などさまざまな要素を考慮しながらセッティングをおこなう必要がある。

また奏者は実際の儀礼の時とは異なり、その場で動かずに演奏してもらった。もちろん実際の儀礼におけるゴング演奏も録音していたが、その場合、例えば、先述したように儀礼柱の周りを歩きながら演奏するため、平ゴング奏者の横について録音すれば旋律やハーモニーは聞こえるが、こぶ付きゴングのリズムはあまり聞こえず、逆にこぶ付きゴングの横について録音すればリズムははっきり聞こえるが、平ゴングの旋律やハーモニーはほとんど聞こえないということが多かった。また少し離れた位置からアンサンブル全体を録音しようとした場合、周りの聴衆（村人）の話し声などの環境ノイズが大きくなるため、リスナーがゴング演奏に集中できないと感じられた。以上のことから、一般のリスナーにとってもっともゴング演奏の魅力が伝わりやすい収録方法を考えて、上記の録音方法を選択したのである。つまり、マイクの選択や録音方式の選定は、私がその「音楽」をどのように捉えているのかという思想がまず背景にある。そして、何を優先して録音するのかをその場の状況や演奏形態（楽器編成）に応じて即応的に判断しながら決めているのである。

演奏者に対する配慮

もちろんこうした録音が可能になるのは録音対象である現地の演奏者との信頼関係が土台にあることは言うまでもない。ゴング演奏者は職能的なミュージシャンなどではなく、普段は農作業をしている普通の村人である。演奏者の数が十分に揃わないときは遠くのフィールド（田畑）に泊まり込みで農作業をしている人が作業を中断して来てくれることもある。また優れた演奏技術をもつゴング演奏者は高齢のことも多い。したがって、演奏者に対する配慮は常に欠かせない。[2] 例えば、中部高原は高地にあるとはいえ日中の気温は三五度を超えることも珍しくなく、湿度もかなり高い。したがって、経験上一回あたり録音に付き合ってもらえるのは長くても一時間位が限度である。また各曲の収録前に練習時間が一定時間必要なので、実際に録音できる曲数は熟練したゴング演奏グループでも一回あたり四〜五曲程度（一曲一〇分以内として）であろう。そして演奏者の体力や集中力を考慮してできるだけ録り直しはせずに一回で録音する。

録音現場に着いたらすでに演奏者が集まって音出しの練習をしていることも多い。したがって、録音機材のセットアップはできる限り迅速におこなう必要があるし、レベル合わせのつもりで音を出してもらったらそのまま演奏が始まってしまい結果的に本収録になってしまうこともある。また収録前に曲の練習を始めてみたもののうまくメロディが奏でられず、結局演奏できなかったということも少なくない。また演奏者の数が足りなかったり、楽器が適切に調律されておらず演奏できないということもある。

このようにフィールドワークの現場ではこちらの想定通りに作業が進むことは珍しく、予想外のことも起こりうる。その時にあくまでこちらの考え、計画を優先するのではなく、さまざまな状況に合わせてその都度、柔軟に対応していくことが「音楽」を対象とするフィールド・レコーディングではとくに求められる。つまり、「音楽」を奏でる人々と「場」に対する敬意を持って、演奏者との協働的なプロセスとして「録音」を捉える姿勢が重要なのである。

また録音した音源は後で演奏者が聴くことができる媒体（例えばCD－Rなど）にして寄贈したり、その場でヘッドフォンで録音を聴かせて音を確認してもらうこともよくある。演奏者の多くは自分たちの演奏が録音された音を聴く機会がないので、録音された音の生々しさに驚かれることも多い。また思いがけない感想をもらうこともあるし、彼らのコメントが研究上の重要なヒントに結びつくこともありうる。このように録音物を通して演奏者を含む現地の人々とコミュニケーションを取ることでより良い関係性を築くことができるのだ。また彼らがどのような基準で演奏の良し悪しを判断しているのか、どのような表現を重視しているかなど、彼らの「音楽」に対する考え方をうかがい知ることができるかもしれない。これは映像や録音といった、「音楽」を具体的に再生できるメディアを通したコミュニケーションのひとつの可能性だと考えている。

日々の生活と結びついた共同体の「音楽」は、環境音を排除し、響きがコントロールされたスタジオではなく、彼らが生活する「フィールド」のなかで録音対象に寄り添いながら録音するからこそ「音楽」の背景にある文脈を含めて捉えることができるのである。そして、どのような録音機材をどのようにセットして録音対象を捉えるのかといった録音方法には、録音者である私がその録音対象をどのように捉えているのか、つまり「音楽」に対する私の視点が間違いなく表れているのだ。

撮影と録音の違い

学術的なフィールドワークで音楽や踊り、儀礼をはじめとするいわゆる無形文化を記録する際、私自身もそうだが実際には録音よりも撮影を優先することが多いと思われる。それは、映像であれば、演奏がおこなわれる場所の風景、演奏者の身体動作、表情など多様な情報を記録に残すことができるからだ。もちろん、調査助手など撮影（あるいは録音）を頼める人物がいる場合は、撮影とは別に録音をおこなうことも可能である。しかし、いわゆる人類学（民族音楽学）のフィールドワークの場合、一人で撮影（録音）をおこなうことの方が多いだろう。

そしてもちろんビデオカメラ（一眼レフやスマホなどを含む）は映像と音を同時に記録することができる。外付けの高品質なマイクロフォンを接続すれば、音質的にも別録りと遜色ない音を収録することができるし、（機種にもよるが）ヘッドフォンで音をモニターしながら収録することも可能である。それではビデオカメラを用いて映像と音を同時に収録することも、フィールド・レコーディングと言えるのだろうか？　レコーダーとマイクで音のみを収録するときと、ビデオカメラを用いて映像と音を同時に収録するときの本質的な違いとは何であろうか？

　映像撮影の場合、演奏者や踊り手、語り手など特定の被写体の身体動作をいかにフレームに収めるかといったことにまず意識が向くだろう。したがって撮影者は、事象を記録する際、ファインダーあるいは液晶画面内の映像に集中するため、音（聴覚）に対する意識が薄れてしまうことが少なくない。それは視覚的な情報と聴覚的な情報を同時に提示されたときに、我々は聴覚的情報を視覚的情報の付加物、拡張機能として捉える傾向があるからだ。[3] つまり、ビデオカメラの音声記録は、映像が記録されているときにしか音声が記録されないという前提を考慮すれば、映像にとって副次的な存在でしかありえない。

　またビデオカメラによる音声記録は、マイクロフォンがカメラに固定されるという「フィジカルな拘束」を受ける。マイクを音源に対してどれ位の距離、高さに置くか、空間の響きを録るときにどのポイントにどれ位の幅を取ってマイクを設置するかというのは、録音にとって極めて重要なファクターである。しかし、ビデオカメラの音声記録の多くはマイクがカメラに固定されているため、カメラの位置が自動的にマイクの位置となる。[4] つまり、カメラと被写体との物理的な距離が音源に対するマイクの距離や配置よりも優先される。またカメラに接続するマイクロフォンは一般的に指向性の鋭いマイクが使われる。それはカメラが捉える被写体（実演者）とマイクが捉える音源が同一であることを前提として、それ以外の音（主に環境音、周囲の聴衆が立てる音など）がメインの音源にできるだけ被らないようにするためである。つまり、ビデオカメラの音声記録は被写体をクローズアップして記録する方向に向かう。しかし、空間の広さや奥行きを表現するにはこのような録音方法は不向きである。

　作曲家・映画音響理論家のミシェル・シオンによれば、映画（映像作品）における音には、イン（in）の音（物語世界の音でかつ画面内に音源があるもの）、フレーム外（hors-champ）の音（物語世界の音だが、音源が画面に映っておらず隣接する空間にあると想像されるもの）、オフ（off）の音（物語世界で音源をもたないもの）の三種類がある。[5] この分類でいえばビデオカメラが記録する音声は、インの音とフレーム外の音であり、後者は音源が映像に映っていないため、撮影中は意識が向かないことが多いだろう。その一方で、録音機とマイクロフォンを使えば、フレームによる拘束を受けずにその場の音を記録することができるのだ。

　すなわち、ビデオカメラの音声記録は、カメラのフレームとフレーム内に捉えられている視覚的なイメージによって支配されているといえる。例えば、被写体がある一連の動作を終えたため、撮影者はストップボタンを押して撮影を停止する。その瞬間に、カメラのフレーム外から発せられていた音の記録も停止してしまう。映像の場合、フレーム内に映っているものしか基本的に記録することはできない。一方、録音には映像のようなフレームがないため、その空間全体の響きに意識を集中させて録音することができるのだ。

それは些細な違いのように思われるかもしれない。しかし、フレームによって切り取られた二次元の視覚的なイメージが支配する空間認識と、マイクロフォンが捉える響きから立ち上がる三次元的な空間認識ではその空間への意識の向け方が異なり、その結果として記録される内容も異なると思うのである。

では映像ではフィールド・レコーディング的な表現は難しいかといえば、決してそんなことはない。撮影者の意識の向け方、編集の意図によってその場や空間の響きを重視した撮影と作品制作はもちろん可能である。以下、「音楽」を対象とする具体的な事例を挙げて、ビデオカメラによる映像（音声）記録もフィールド・レコーディングと呼びうることを示したい。

テニスコーツ〈Baibaba Bimba〉

ここでは、日本の音楽ユニット、テニスコーツの〈Baibaba Bimba〉という楽曲のMVを取り上げる。[6] テニスコーツは、さやと植野隆司の二人を中心に活動する音楽ユニットである。このMVは映像作家のヴィンセント・ムーン（Vincent Moon 一九七九－）が主催する映像アーカイヴ「Take Away Show」の作品として、二〇一〇年にユーチューブ上のチャンネル「La Blogothèque」で公開されたものだ。[7] ヴィンセント・ムーンは世界中を旅しながら現地のさまざまな音楽家と交流し、その演奏を記録してきたノマド的映像作家である。R.E.Mやシガーロスといった著名なミュージシャンから、あまり知られていないアーティスト、現地の伝統音楽や宗教儀礼まで、すべての映像作品がウェブ上に無料で公開されている。「Take Away Show」のコンセプトは、同ウェブサイトによれば「アーティストやバンドを路上やバー、庭、アパートなどに招いて、予期しない出来事、不確かさ、風変わりさとともにおこなうライヴセッション」とある。公開されている映像をいくつか見てみると、通常のMVのように作りこまれたセッティングでの撮影とは異なり、日常の生活空間のなかでアーティストの演奏をその場の雰囲気や空気感も含めて捉えようとしているのが感じられる。つまり、カメラひとつを現場に持ち込んで、アーティスト同士の会話、観客とのやりとりなどを含めた「場所性」「即興性」を重視したフィールド・レコーディング志向の撮影手法を取っていると言えよう。

　では早速映像を見てみる。恵比寿の住宅街と思しき辺りを歩くさやと植野。さやはピアニカを、植野はアコギを持っている。二人は山手線の線路上の歩道橋の上に着く。遠くから救急車のサイレン音がかなりはっきりと聞こえる。ドップラー効果によって音の高さが変化するサイレン音と同調するように植野がギターのメロディをつま弾く。そしてサヤが二本のスティックをピアニカに当ててリズムを取りながら「バイババビンバ、ベイババブンバ」と歌いだす。まだサイレンの音は続いている。植野はさやの前に歩を進める。ここでカメラは彼ら二人を捉えながら、彼らのさらに前（すなわち下段）に回る。すると、カメラはフレームの右からスーツ姿の中年の男性が歩道橋を降りていく姿を捉える。後ろのさやが男性が下りてくるのに気づき、顔を少し男性に向けながら同じフレーズを歌い続ける。男性は僅かに笑顔を見せながら歩調を変えずに彼らの横を降り過ぎていく。カメラは降りていく男性の後姿を捉える。そして一八〇度回転させて二人を再び捉える。さやが「ある暖かい線香の上」とうたう。そして、先ほどのスティックで植野のギターのボディをリズミカルに叩く。植野が「マイクが入ってるよ」とつぶやく。[8] さやがやっちゃったという感じでそのスティックを口にあてて苦笑いしながら「いい匂いしてまた焚くんだ」と続ける。

　さやは歌いながら、階段を先ほどの棒で擦ったり、しゃがんで階段にスティックを落としたりして音を出す。直後に山手線が真横の線路を通過する。二人は線路わきの金網と住居で区切られた狭い歩道を演奏しながら歩く。さやがピアニカを金網に押し付けて「がちゃがちゃ」と音を鳴らしながらロングトーンを吹く。金網に当たる振動でさやの吹くピアニカの音が細かく途切れる。さやがマンホールを見つけてその上でステップを踏む。植野は座ってギターを演奏する。さやがピアニカをマンホールの上に立てて演奏する。その響きが微妙に変わる。今度は先ほどとは逆方向から山手線が通過する。さやが電車の通過音に合わせてピアニカでロングトーンを吹き、さらに電車の方向に向かって何度もピアニカを上下に振り動かす。

植野が演奏しながら走りだす。さやもピアニカを吹きながら走り出す。カメラも彼らを追いかけて走り出す。また別の電車が線路を通過していく。これまでの電車よりもスピードが速く、音も大きい。高架下につく。さやの真横を再び電車が通過する。さやが電車に向かって「おーい、おーい」と呼びかける。さやが植野のギターホールに顔を近づけて歌う。カメラが二人から徐々に遠ざかる。

以上が映像の大まかな筋である。歩道橋、金網、マンホール、勢いよく通過する電車、偶然通りかかった男性、救急車のサイレンなど周囲のさまざまなモノに一つひとつ反応しながら音を発していく様は、その場所や空間といったものを丸ごと取り込んだ演奏のように思える。そして「歩道橋に着いたとき、彼女が歌い始めたので、ついていくしかなかった」[9]という監督（撮影者）の言葉からもうかがえるように、撮影はおそらく事前の打ち合わせなしに、突然始まったのではないかと思われる。また「私たちはただ、自分自身が運ばれていくことに身を任せるしかありませんでした」とあるように、彼らを追って撮影を始めるなかで、環境との相互作用を通して「音楽」が生成されるプロセスにカメラ（とマイクロフォン）自体も参与しているように感じられるのだ。また編集は冒頭のシーン以外はモンタージュもなく、ワンカットであるように見える。だからこそこのような環境との相互作用で「音楽」が生まれる奇跡のような瞬間を描写することができたのではないか。

本章では「音楽」のフィールド・レコーディングについて主に筆者の録音活動を中心に紹介した。「音楽」のフィールド・レコーディングにとって重要なのは、演奏者と場所の響きを介した相互的、反復的なコミュニケーションのなかにいかに参入するかということである。そこには演奏者／録音者という二項対立はもはや存在しない。演奏者も録音者も同じ「フィールド」で響きを共有するアクターとして相互に影響を与え、ともに「音楽」を創り出す存在なのだ。

［注］

1　例えばスタジオ用コンデンサーマイクのＤＰＡ　４０１１Ａの場合、音源との距離が三〇センチ以下では低域が強調され、一方、それ以上では低域がロールオフされて弱くなる。「マイクロホンの基礎知識」https://www.hibino-intersound.co.jp/dpa_microphones/3369.html

2 録音対象との関係性にもよるが、こちらの要望で演奏を録音させてもらう場合、当該社会にとって過不足のない額の謝礼は払うことが多い。

3 例えば、Michel Chion『Audio-Vision』(Columbia University Press 一九九四)を参照のこと。

4 ここでは、あくまでカメラの内蔵マイク、あるいはカメラに直接マイクをマウントして使用する場合を想定している。

5 ミシェル・シオン『映画にとって音とは何か』(川竹英克、J・ピノン訳、勁草書房、一九九三)、長門洋平「映画にとって「物語世界の音」とはなにか」(二〇一一)を参照した。

6 〈Baibaba Bimba〉は二〇〇七年にスウェーデンのエレクトロ・アコースティックトリオの「Tape」が主催するレーベル、ハプナ(Häpna)がリリースしたアルバム『Tan-Tan Therapy』に収録されている。日本盤は同年にＨＥＡＤＺからリリースされている。

7 https://youtu.be/P2rtqVma_Ww　クレジット表記によれば、この作品の監督はコリン・ソラル・カルド(Colin Solal Cardo)、音とミックスはフランソワ・クロ(François Clos)であり、ヴィンセント・ムーンは作品の制作には直接関わっていないようだ。

8 つまり、このビデオの音声はビデオカメラのマイクだけでなく、ギターのボディ内部に仕込まれたワイヤレスマイクも使われているようだ。

9 「La Blogothèque」からの引用。https://www.blogotheque.net/articles/tenniscoats

column3

レコーダーとマイクの設置（1）

レコーダー

レコーダーはさまざまな録音メディアの変遷とともに進化してきたが、現在はSDカードや内蔵フラッシュメモリーを記録媒体に持ち、非圧縮のWAV形式で録音できるリニアPCMレコーダーと呼ばれるデジタルレコーダーが主流である。現行機種のほとんどが24ビット（または32ビット）の量子化ビット数、96キロヘルツ（または192キロヘルツ）のサンプリングレートに対応している。リニアPCMレコーダーは、手の平サイズのハンディレコーダーと、お弁当箱サイズ以上の大きさのポータブルレコーダー（フィールドレコーダー）に分けられる。ハンディレコーダーは主に内蔵マイクかプラグインパワー（約1.5〜5ボルト）駆動のエレクトレットコンデンサーマイクを、ポータブルレコーダーは主にファンタム電源（48ボルト）駆動のDCバイアス式コンデンサーマイクを接続して使うことが想定されている。

レコーダーのスペック

レコーダーを購入する際に検討すべき項目について説明する。まずビットレート（量子化ビット数）とサンプリングレート（サンプリング周波数）がある。音はアナログ信号であり、デジタル信号に変換する（A／D変換）際に標本化、量子化という処理をおこなう。

標本化とは、連続的に変化するアナログ信号をサンプリングして離散化することである。サンプリングレートは元のアナログ波形をどれぐらいの間隔でサンプリング（標本化）して記録するかを数値で示したものである。例えば、サンプリングレートが44.1キロヘルツというのは、1秒間に44100回サンプリングするという意味である。そして、サンプリングレートの半分の周波数（ナイキスト周波数）が録音できる周波数の理論的な上限となる。例えば、44.1キロヘルツのサンプリングレートの場合、録音可能な周波数の上限は22・05キロヘルツであり、192キロヘルツのサンプリングレートの録音可能な周波数上限は96キロヘルツである。つまり、サンプリングレートが大きいほど録音可能な周波数の上限も高くなる。

次に量子化であるが、これは標本化されたそれぞれのサンプルの振幅を有限の値に変換することである。つまり、量子化ビット数とはそれぞれのサンプルの振幅をどれだけの精度（分解能）でデジタル化するかを表した値である。例えば、CDの量子化ビット数は16ビットであるが、これは2の16乗、すなわち65536の値で音波の振幅を表すという意味である。

この量子化ビット数によってダイナミックレンジの理論値が決まる。ダイナミックレンジとは、信号の最小値と最大値の比率のことを指し、平たく言えば、記録可能な最小レベルから最大レベルの音量の幅のことである。16ビットのダイナミックレンジは約96デシベルである。現在多くのレコーダーは24ビットの録音に対応しているが、これは2の24乗、すなわち16777216の値で音波の振幅を表すことになる。24ビットのダイナミックレンジは144デシベルである。つまりビット数が大きいほど、信号（音）の大きさの大小をより細かく記録できることになる。

また32ビットフロート（float）に対応したレコーダーも販売されている。詳しい説明は省くが、32ビットフロートによって広大なダイナミックレンジが確保されることで、突然の大音量でも歪まず、小さいレベルで録って録音後にレベルを上げても解像度が落ちないため、録音時の入力レベルの調整が必要なくなったという。これは入力される音の大きさが予想しづらいフィールド・レコーディングにとっても革新的な技術である。

レコーダーの選び方

レコーダーの選び方について、まずどのようなマイクを使うかを決めて、そのマイクを使用するための電源が供給できるレコーダーを購入する必要がある。そしてマイク入力は何チャンネル必要になるか、つまり、ステレオ（2チャンネル）で十分なのか、サラウンドやアンビソニックス形式（4チャンネル以上）で録音する可能性があるのかを考える。レコーダーの操作性も重要である。メニューの階層や表示は適切か、レベルメーターの反応や視認性は良好か、録音レベルを調整するノブの位置や大きさ、フィジカルな操作がしやすいかなどである。これらのことはスペックからではなかなかわからないため、可能であれば店頭などで実機を触ってみた方がよい。さらにオーディオ・インターフェイス機能、映像との同期に使うタイムコード機能など付加的な機能が必要かも検討事項となるだろう。

レコーダーを選ぶ上でとくに重要な点はバッテリーである。レコーダーによってバッテリーの持ちはかなり異なる。まず内蔵充電池を使用するレコーダーはお勧めしない。経験上、内蔵充電池は数年も使用すると劣化してバッテリー駆動時間が著しく落ちるためである。基本的には入手性の良い単三電池で駆動するレコーダーをお勧めする。ただし、例えば、ファンタム電源駆動のコンデンサーマイク二本を24bit／192kHzで録音する場合、使用する機材や環境（気温など）にもよるが単三電池の場合、二時間程度でバッテリー切れになるかもしれない。したがって、あらかじめスペアの電池を多数用意しておくか、レコーダーが対応している場合、容量の大きい外部バッテリー（例えば、USB－C対応のポータブルバッテリーやビデオカメラ用のリチウムイオンバッテリー）を使うことをお勧めする。先述したように、本コラムでは具体的な機種名は紹介しないが、二〇二二年現在、リニアPCMレコーダーを製造、販売しているメーカーは、国内ではTascam、Zoom、Sony、Roland、海外ではSound Devices、Sonosax、Zaxcomなどがある。

なおスマートフォンにはマイクが内蔵されているので、そのまま録音することもできるが、音質的に物足りないことが多いだろう。そこでスマートフォンに接続して使用する外部マイクを使うという手がある。これらの外部マイクは録音アプリを使用してスマートフォンをレコーダー代わりに使うというもので、音質的にも優れたものがいくつか出ている。ただし、マイクをスマートフォンに挿して使うため、マイク設置の自由度は低い。また近年のスマートフォンはイヤフォン端子がなく、録音のモニターができないことも多い。バッテリーの持続時間も気になるところである。しかし、普段持ち歩いているスマートフォンと小さなマイクを持ち歩くだけで、いつでもすぐに録音が開始できるのは非常に便利であり、気軽にフィールド・レコーディングをおこなうには良いだろう。

録音モニター

最後に録音モニターとして使うヘッドフォン（イヤフォン）についてである。ヘッドフォンはその構造から開放型（オープンエアー型）と密閉型（クローズド型）に分けられる。フィールド・レコーディングでは、基本的に遮音性が高い密閉型のヘッドフォンを選ぶ必要がある。遮音性が低いとヘッドフォンから漏れる音をマイクロフォンが拾ってしまい、ハウリングが起きてしまう可能性があるからだ。またイヤフォンでは、カナル型と呼ばれる耳の奥深くに挿入して使う遮音性の高いイヤフォンがある。これは装着感が耳栓に近いため好みが分かれるが、音質的にも優れた機種が多く、フィールド・レコーディングにも適している。ヘッドフォンは、周波数特性に癖がなく、解像度や遮音性が十分に高く、重量が軽く、持ち運びが容易なものが良い。機種によっては、消耗品であるイヤーパッドやケーブルなどのパーツが交換できるものもある。またフィールド・レコーディングの場合、ヘッドフォンケーブルの長さはある程度長い方が使いやすいことが多い。

（一七五頁へ続く）

第4章

聞こえない音を録る

本章では人間には物理的、周波数的に聴くことの難しい音(振動)を録る方法やそうした音に焦点を当てた作品について紹介したい。本章で取り上げる「聞こえない音」とは、固体の振動、水中の音、超高周波(超音波)などである。こうしたそもそも人間には聞こえない音を録音することにどんな意味や面白さがあるのだろう。人間には聞こえない音を録音しても、結局人間には聞こえないのであれば意味がないのではないか? そんな疑問を持つかもしれない。

我々は人間の耳に聞こえる範囲の「音」の世界にではなく、身体やモノを通して感受される(あるいは感受できない)「振動」、「波動」の世界に生きている。そして、人間には聞こえない多様な振動を特殊なマイクを通して観察、録音し、それを聴くプロセスを通して、普段見慣れた「世界」がまったく異なる様相を呈することに気がつくはずだ。そうした体験から我々が存在する世界や環境に対する認識、そして我々自身の身体と環境との関わり方も変わっていくかもしれない。それは言い換えれば、人間中心的な「世界」の眺めから、他の生物や非生物(モノ)の視点を通して

「世界」を観察するような脱人間中心的な視点へと我々を誘うのである。

ではなぜ人間以外の視点を考えることが重要なのか。例えば、温室効果ガスの増大による地球規模での気候変動とそれに伴う自然災害、原発事故と核廃棄物の処理問題など、近年人間の過度な経済活動に伴う弊害が顕著となり、人文・社会科学分野でも脱人間中心主義的な思想がひとつの潮流となり、これまでの人間中心的な「自然」やモノとの関係性を脱却するための方策を世界全体で考えていくことが現代社会における喫緊の課題となっている。すなわち、我々一人ひとりの自然やモノに対する認識や関わり方自体が問われているのだ。その際に、人間には聞こえない「振動」を通して「世界」を観察する経験は、我々のもつ固定的な自然観、モノ観、人間観に揺さぶりをかける。それは我々の生き方そのものを変えるような契機となりうるのだ。

本章では、このような「振動」の世界に録音という行為を通して接近するさまざまな手法について具体的な作品を挙げながら紹介していきたい。

固体の振動を録る

音とは物質中を振動（波）が伝わっていく現象である。この振動を伝える物質を媒質と言い、媒質には気体、液体、固体などさまざまなものがある。また媒質の種類によって振動が伝わる速度は異なる。例えば、我々が普段聞いている音（空気振動）は秒速約三四〇メートルで進むが、水中の音は秒速約一五〇〇メートル、鉄を伝わる音は秒速約五千メートルで進む。つまり、空気中の音より、水中は五倍近く、鉄を伝わる音は一五倍近く速く進むのである。したがって、例えば、遠くから電車が近づいてくるときに線路がカタカタと音を立てる振動は、電車の走行音が空気中を伝わって耳に届くよりもずっと速く伝わるのである。ちなみに媒質は、基本的に硬いものの方が音の伝わる速度が速く、鉛が秒速約二千メートル、コンクリートが秒速約四千〜五千メートル、ダイヤモンドは秒速一万メートルを超える。

ここで紹介する録音の対象は、固体伝搬音（固体音）と呼ばれる固体の振動によって生じる空気振動のことではなく、固体中を伝わる振動そのものである。この固体中を伝わる振動は物体に直接耳をつけたりしない限り人間には通常聞こえない音である。空気振動は、媒質の振動する方向が波動の進行方向と同じであり、これを縦波と呼ぶ。一方、固体中を伝わる振動はこの縦波に加えて、媒質の振動方向と垂直に波動が伝わる横波を伝える。また固体中を伝わる波動の速度は、先述した物質の種類だけでなく、物質の形状や状態（温度・密度・圧力）によっても変化する。したがって、固体の振動からは我々が両耳を通して知覚する空気振動としての音の距離感、位相、広がりとはまったく異なる形で音場が形成される。つまり、固体の振動を録音する行為は、すでに述べた人間の聴覚とマイクロフォンが捉える音の乖離を前提とするフィールド・レコーディングの可能性をさらに別の次元へと拡張するような試みなのである。

固体の振動は空気振動を捉えるエアマイク（一般的なマイク）では録音できないためコンタクトマイク（contact microphone）と呼ばれる特殊なマイクを使って録音する。これは圧力の変化を電圧の変化に変換する圧電素子（ピエゾ素子）などを使用したマイクロフォンのことである。例えば、医者が患者の体内の音を聴くときに使う聴診器、アコースティック・ギターをアンプに繋ぐために使うピエゾ・ピックアップもコンタクトマイクの一種である。コンタクトマイクは、固体に伝わる微細な振動の変化を電気信号に変換するものであり、空気中の振動は基本的に拾わない。またコンタクトマイクは物体にしっかり密着させて使う必要がある。その適切な方法は密着させる物体によっても異なるが、例えば、両面テープや粘着ラバーで密着させたり、金属製のクリップ、クランプなどで物体に固定するなどの方法がある[1]（**写真4―1**）。上

写真4-1：農場のワイヤーにクランプで固定したマイク

述したように、固体中は振動の伝わる速度が非常に速く、またその伝わり方が空気中の振動（音）と異なるため、同じ物体でもコンタクトマイクを設置する箇所を少し変えるだけで記録される音は大きく変化する可能性がある。

またコンタクトマイクと類似したものに、ジオフォン（geophone）と呼ばれるものがある。これは地中の振動を電圧に変換するマイクロフォン（センサー）で、主に地震の探査などの科学的な目的で使われる。ジオフォンはとくに低周波に対する感度が高い。したがって、さまざまな固体（モノ、地面など）の微細な振動を録音することが可能である。最近では、フィールド・レコーディング用途に製品化されたものも販売されている。[2]

角田俊也

私が固体の振動を録音できることを知ったのは、フィールド・レコーディングにはじめて興味をもった二〇〇二年頃、角田《つのだ》俊也《としや》（一九六四－）の作品を通してである。角田は一九九七年から二〇〇一年までに『Extract From Field Recording Archive』という三枚のCDをリリースした（これらのCDは二枚の新しいCDを追加して二〇一九年に五枚組のボックスセットとしてErstwhile Recordsから再びリリースされた)。そこに記録されているのは彼が長年録音場所としている三浦半島の港湾区域などに伝わる多様な振動現象である。角田がこの作品で焦点を当てた振動現象は、定常波、空洞内部の振動、そして固体振動である。例えば〈On the Pavement of a Pier, Two Ships(埠頭の路面、二艘の船)〉というトラックでは、三崎港の埠頭の路面にコンタクトマイクを設置して録音した音が収録されている。ライナーノーツには以下のように書かれている。「埠頭に1艘の大型船舶が停泊している。その向かいの岸壁にもう1艘、同じ規模の船舶が停泊している。録音では船のエンジンの3倍振動と思われる180Hzの振動が振幅を変動させているのが観察される。この振幅の変化は近似値の周波数が重なり合った時に起こる「うなり」によるものである。これは2艘の船から伝わる振動の干渉によるものだろう。トラック全体に聞こえるクリック音は岸壁に生息するフジツボや貝などの固着生物によるものである」。

つまり、この録音の主な音源は港に停泊している二艘の船のエンジン音である。それが埠頭の路面に伝わり、その二つの微妙な周波数数差が「うなり」のような現象を発生させている。さらに岸壁の固着生物の活動に伴うカチャカチャという音が路面に伝わっている。コンタクトマイクはそれらの振動を音に変換しているわけである。当然ではあるが、耳に聞こえる音とはまったく異なる音の世界がそこには広がっている。固体の振動は空気振動とは異なり音源の距離や定位が非常に曖昧である。その振動は物理的に離れた個々の物体をひとつの系として繋ぎ、その時その場の全体性が響きとして表れているようである。

ここで注意したいのは角田が物理振動を「客観的に」録音しているわけではないということである。[3] 角田が、特定の振動現象を観察し、録音するときに、港のどのポイントにどのようなマイクをどのように設置するのか。さらに、録音された音の中からどの部分をどのくらいの長さ作品に収録するのか。そこに作家としての視点があることに角田は自覚的である。つまり、特定の場所、時間に生じた振動現象は、彼の視点を通して記録され、さらに編集作業を通して作品という文脈のなかに位置づけられることで、ドキュメントとしての具体性を伴ったまま抽象化される。

また、角田は「観察点が出来事を決める」という。同じ現象を録音したとしても観察するポイント、言い換えれば対象に対するまなざし、志向性が異なれば、記録される出来事も異なる。だからこそそれは客観的な「記録」ではありえず、より主観的な「描写」になるのだと。そう考えればフィールド・レコーディングとは、ある振動現象を録音者の視点を通して描写する行為であるといえる。それはマイクロフォンというものが人間の聴覚と異なり、そこで起きている物理的な振動を取捨選択せずに音に変換するからこそ可能になることでもある。

次に植物の音を録音した作品を紹介する。植物の音といっても樹木や草花が風に吹かれてざわざわする音のことではない。例えば、人間には聞こえない樹木内部のミクロな音響振動を可聴化した作品のことである。

デヴィッド・ダン（David Dunn 一九五三―）は、生態系のミクロな音響世界に焦点を当てた作品を制作してきたアーティストである。彼の作品には、例えば、自作の特殊なマイクを使ってマツ科の樹木内部の音を可聴化し、制作した作品『The Sound of Light in Trees』（Earth Ear 二〇〇六）がある。作品を聴いてみると、キュルキュル、パチパチといった微細な高音に時折水が流れるような音も聞こえるが、その音源はキクイムシという米粒ほどの小さな虫が発する音、樹木内部の循環システムの音だという。ダンによれば、「樹木の表皮と内部の木部との間にある層（セルロース、空気、液体から構成される）には、ほとんど未知の音響世界があり、驚くべき数の音の作り手が存在する」という。この作品は録音した音を素材にしたコラージュ作品であるが、その意図は「ある種の木のなかで起こる音の驚くべき複雑さが、一般的な木の内部の音の世界を象徴していることを聴き手に納得させること」にある。つまり、その手法はミュージック・コンクレートではなく、音と音源をリスナーが結びつけて聴くことを重視したサウンドスケープ・コンポジションであると言えるだろう。

また、ダンは多くのアーティストのように高価な既製品に頼るのではなく、安価なパーツを組み合わせて自ら必要なマイクを作り、作品に使用する。そして樹木内部の振動を捉えるコンタクトマイク（圧電素子と肉用温度計のプローブを組み合わせて制作）や後述するハイドロフォン、超音波マイクなど人間が通常聞くことの難しい音や振動を可聴化する特殊なマイクの自作方法をウェブ上で公開している。[4] そうすることで、誰もが自然界の隠れた振動世界を発見し、観察することを推奨しているのだ。

マイケル・プライム（Michael Prime 一九六二－）は、植物や菌類などのバイオリズムにインスピレーションを受けた作品を制作してきたアーティストである。例えば、『L-Fields』（Sonoris 二〇〇〇）は幻覚植物（大麻草、ベニテングダケ、ペヨーテ）の生体電位を利用した電子音響作品である。あらゆる生物は生命維持活動に関わる情報伝達によって生じる電気信号としての生体電位を持つ。植物のバイオリズムの変化は、例えば、天候、明暗、接触刺激、月の周期など、物理的な環境の変化に反応する生体電位の変化として聴き取ることができる。

プライムはこの作品で、植物が発する微弱な電圧を増幅し、その電圧を電池駆動のオシレーターの制御信号として使用してその場で録音した音と、植物が生育している場所の環境音を用いて作曲をおこなった。幻覚植物を題材にしたのは、これらの植物が人間と長い付き合いがあり、その使用の下で多くの音楽が作られてきたが、そろそろその植物自身が持つリズムを聴かせたいと思ったからだという。この言葉からもうかがえるように、プライムは植物の発する音を単に自身の楽曲の素材として利用しようとしているのではない。植物の「声」を特殊な技術を用いて「翻訳」し、可聴化することを通して植物と対話しようとしているのだ。あらゆる生命体はそれ自体が多様な響きを有しており、それを可聴化し、作品化することで、リスナーの「生物」や「環境」に対する概念は創造的に拡張されていく。アーティストがフィールド・レコーディングを手法として用いるひとつの理由はこのような点にもあるのだろう。

水中の音の世界

水中の世界にも多様な音がある。川のなか、海のなか、池のなか、沼のなか、湖のなか、それぞれ異なる生態系があり、さまざまな生物が発する音がある。例えば、イルカ類は「コツコツ」、「ギーギー」といったクリック音を出してその反射音で周りの状況を認知したり、笛のように響くホイッスル音を出して仲間同士でコミュニケーションを取っている。先述したように、水中で音が伝わる速度は一秒間に約一五〇〇メートルである。水中の音は垂直方向には減衰が大きいため伝わりにくいが、水平方向には遠くまで伝わるという性質がある。とくに低い音は水中でのエネルギーの損失が少なく、遠くまで届く。例えば、深海サウンドチャンネルといって水深一千メートル付近に水温・塩分濃度・水圧のバランスにより音の速度がとても遅く直線的に伝わる層があり、ザトウクジラはこの層を利用して遠くの仲間とコミュニケーションを取っているという。例えば、北極にいるクジラの声がハワイで聞こえたというデータもあるそうだ。

水中で音を使うのはイルカやクジラだけではない。魚も音でコミュニケーションをとっており、状況に応じて発する音を使い分けている。魚類の音の機能には、①防御、攻撃に関するもの（威嚇、危険通報、警告など）、②繁殖に関するもの（異性誘致、産卵コーラス、友愛など）があり、さらに種々の行動に付随する音として、①摂餌、②遊泳、③闘争などがある。[5] またカニやエビなどの無脊椎動物も求愛信号、縄張り信号、警戒信号などの音を発生させている。テッポウエビ（pistol shrimp）という体長わずか数センチメートルのエビがハサミをパチンと閉じる時の音は瞬間的に200デシベルにも達することがあるという。これは地上で聴く鉄砲の発射音（約150デシベル）より遥かに大きな音であり、その衝撃波で外敵を威嚇したり、餌となる小魚を気絶させたりすることもあるようだ。[6] また海中には台風や地震、海底火山の噴火など自然現象に伴う音があり、さらに船舶の航行、沿岸の護岸工事や海底掘削、魚群探知機や潜水艦のソナー音などの人工音も響いている。つまり、陸上と同じように海中にも海洋生物が発する音や人間の活動に伴うさまざまな音があり、「騒々しい」環境であるかはともかくとして、海中は決して音のない「沈黙した」環境などではないということだ。[7]

ハイドロフォン

水中の音を録音するにはハイドロフォン（hydrophone）を使う。ハイドロフォンはコンタクトマイクと同じように圧電素子を用いて圧力や振動の変化を電気信号に変換するものが一般的であるが、コンタクトマイクと異なるのは、防水加工がされていることである。したがって、ハイドロフォンをコンタクトマイクとして使うことは可能であるがその逆はできない。私がこれまで主に使用してきた水中マイクはAquarian AudioのH２aという比較的廉価なマイクである（**写真４－２**）。このマイクはヘッド部分に錘《おもり》が入っているため、水中に沈めたときに安定しやすい。周波数特性によれば、10ヘルツ〜100キロヘルツと非常に広帯域であるが、実際のところ低域、中域の音はよく拾うが、高域の音はあま

写真4-2：Aquarian Audioのハイドロフォン H2a

り拾わない印象がある。他にも日本に代理店がなく海外から直接購入する必要があるものが多いが、Ambient、Benthowave、Cetacean Research、Resonといったメーカーや、サウンド・アーティストのジェズ・ライリー・フレンチ（Jez Riley French 一九六五–）制作のものなどいくつかの会社や個人がハイドロフォンを制作、販売している。ハイドロフォンに関しては、日本語のウェブサイトにはほとんど情報がなく、実際に使用している海外のアーティストのレビューなどが参考になる。[8]

水中音の録音作品

トム・ローレンス（Tom Lawrence）の『Water Beetles of Pollardstown Fen』（Gruenrekorder 二〇一二）は、アイルランドの首都ダブリン近郊にあるユニークな生態系を持つ湿地帯の水中音を録音した作品である。水中のボコボコいう水音の中にアナログ・シンセサイザーか子供の声を変調させたような不思議な電子音響が広がるが、これらはタイコウチ、ミズムシ、ゲンゴロウなどの水生昆虫が発している音だという。なお収録された音は基本的に「非加工」の録音素材を用いているが、いくつかのトラックにおいて人間の可聴域外の音を聞こえるようにしたり、モンタージュや長時間の録音を圧縮したりする編集がおこなわれているようだ。ライナーノーツには録音場所のポラーズタウンフェンの生態系について、そして録音した水生昆虫の種類、どのような時に発する音なのかがトラック毎に記載されている。この作品を初めて聴いた時は本当に驚いた。池のなかにこのような音響世界が広がっているとは想像したこともなかったからだ。調べてみると、クジラやイルカなどの一部を除いて、水生生物の発する音の世界はまだほとんど研究が進んでいない分野であるようだ。とくに池の音環境（水中音を含む）に焦点を当てた生態学的な研究は少ない。[9]したがって、この作品は学術的にも資料的な価値があると思われるし、人間には通常聞こえない世界を可聴化した作品としてサウンドアート的な視点からみても興味深い。

次に私が沖縄・南大東島《みなみだいとうじま》の湖沼の音を水中マイクで録音した時のことを紹介したい。南大東島は海底から珊瑚礁が長い年月をかけて隆起してできた環礁の島である。その隆起した環礁の石灰岩が雨水で溶解してできたカルスト地形の窪地に水が溜まることで、島には大小一〇〇以上のカルスト湖（池）が分布している。島内で二番目に大きな瓢箪池[10]に島のガイドをしている東和明さんの案内でカヤックを使って入り、先述した水中マイクを池の底に向けて垂らして録音した（**写真4–3**）。レコーダーはSound Devices 702で録音の設定は24 bit／192 kHzである。

水中マイクはケーブルの長さが三メートルと一五メートルの二本を使った。ケーブルの長さが異なるマイクを使用した理由は、水中の深さ（層）によって録音される音が異なるかもしれないと考えたからである。水深は深いところでも七〜八メートル程度だと思われた。この時は期待し

写真4-3：カヤックの上から水中の録音をしている様子（撮影：東和明）

ていた水生生物の発する音のようなものは録れなかったが、水面付近と池の底の二つの異なる流水音が録音できた。録音を聴いてみると、垂直的な位置関係によるステレオ録音は、通常のエアーマイクによる水平的なステレオ録音とは異なる形で空間を描写する面白さがあると感じた。このように、水中という媒質のなかに伝わる振動を二本のマイクが捉えることで描き出される「空間性」を何と呼ぶべきかわからないが、マイクの配置によってどのように「空間性」を表現するかも水中の音を録音する際のひとつのポイントと言えるだろう。

また、島の中心部にある大東神社の境内《けいだい》にある池の水中音も録音した。大東神社はこの島の開拓者である玉置半右衛門が建立《こんりゅう》した神社で、天照大御神《あまてらすおおみかみ》が祀られており、島のさまざまな行事

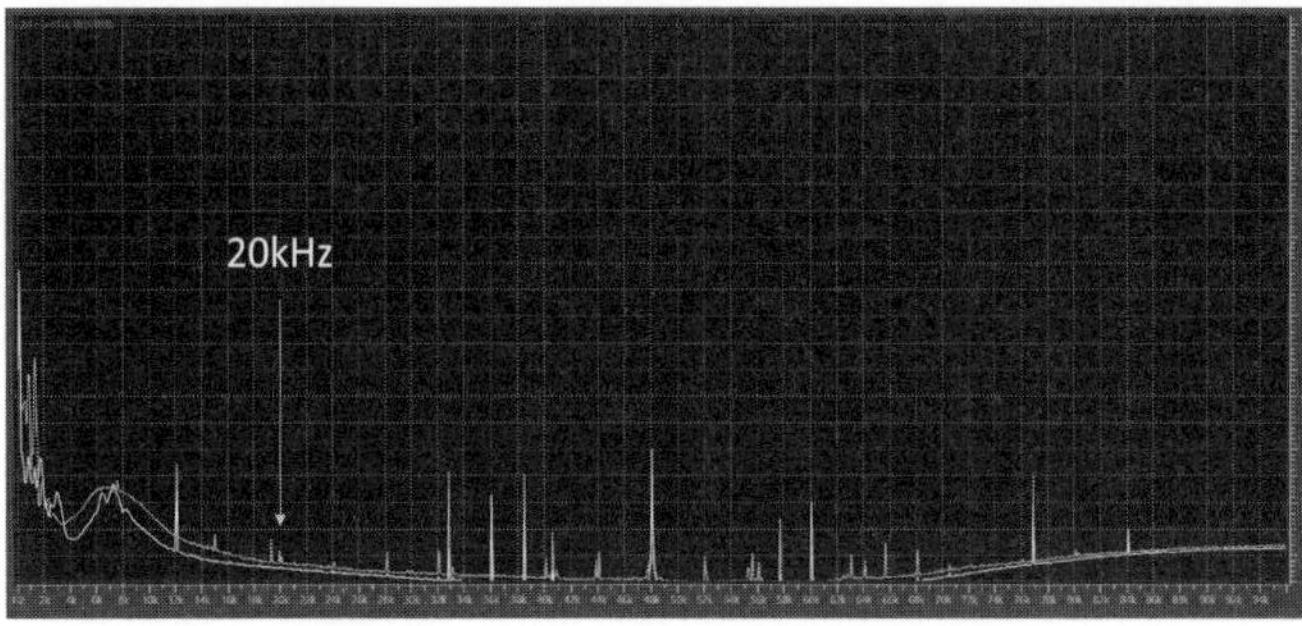

図4-1：池の水中音の周波数分析。20kHz以上の帯域に多くのピークが認められる

がおこなわれる場所でもある。周囲を森で囲まれており、日が暮れるとダイトウコノハズクやダイトウオオコウモリなどこの島固有の絶滅危惧種の鳴き声もよく聞こえてくる。ここで録音した水中音を聞いてみるとザーという水の音（機械の固有ノイズを含む）のなかに、明らかに何らかの虫が発しているだろうと思われる「ジーリリリリ」という高い音が時折聞こえる（**音源4－1**）。さらに録音を波形編集ソフトのスペクトル分析にかけると人間の可聴域の範囲だけでなく、30キロヘルツ～60キロヘルツの超高周波領域に多数のピークが観察された（**図4－1**）。これは水生昆虫の発する音だろうか。詳細は不明だが、こうした水中の小さな生物が我々の可聴域を超える周波数帯域でコミュニケーションをとっていることを想像するとなんだかワクワクしてくるのである。

また先述したように、南大東島は隆起環礁の島であるため石灰岩が多く、島のいたるところに鍾乳洞がある。そのなかのひとつにガイドの東さんの案内で入った。サトウキビ畑をかき分け、畑のど真ん中に突如出現したドリーネ（窪地）を降りていくと鍾乳洞の入り口がある。洞内は真っ暗で、東さんが用意してくれた上下のツナギと長靴、ヘルメットとヘッドライトを装着して入る。鍾乳石の天井からは水が滴っていて、湿度が非常に高く、蒸し暑い。地面の石や岩も所々濡れて滑りやすくなっており、狭い空間を時折這いつくばって通り抜けながら、一時間ほどかけてゆっくり奥に進むと地底湖と呼ばれる青く澄んだ透明度の高い湖が出現する。

ここで水中マイクを二本垂らして水中の音を探った。録音できたのは生物や水流の音ではなく、地底から湧き上がる酸素の音、天井から落ちる水滴が水面や鍾乳石に時折ぶつかる「ポンッ」という音などであった。鍾乳洞内は録音環境としてはかなり過酷な環境であったが、こうした特殊な状況での水中録音は貴重な経験であった。

これまで私が水中マイクを使って録音した対象にはもちろん川の音もある。渓流や小川など流れが緩やかで所々に石や岩のある場所に、マイクを垂らしてそのリズミカルな音色の変化をじっくり聴くのは面白い。ただし、色々な川で録音していると、流れの速さなどからどのような音が鳴っているか水中マイクを入れる前にある程度予想できてしまうようになってしまった。そしてその予想は大抵の場合、裏切られることはない。流水音がほとんどを占める川の水中音ではこのようなことが起きるのだろう。また魚は警戒心が強く、発する音も小さいことが多いため、川岸からではなかなかその音を録ることは難しい。
その他、巻末のディスクガイドでも紹介しているが、電子音のようなアザラシの鳴き声や氷河の動く音など海中のさまざまな音を録音したフィールド・レコーディング作品がリリースされている。水中という通常は聞くことのない環境においてどのような音の世界が広がっているのか、ぜひみなさんも耳を傾けてみてほしい。

最後に、実際に録音する上でのポイントとして、池や湖の場合、水中の音は微細な音が多く、ハイドロフォンの性能にもよるが、レコーダーのゲインをかなり上げないとなかなかその音が聞こえてこないことに気をつけて欲しい。しかし、レコーダーのゲインを上げると自己雑音（「サー」というヒスノイズ）も増幅されるため、微細な音はそのノイズのなかに埋もれてしまう。したがって、レコーダーのマイクプリはできるだけノイズが少ない高品質なものが望ましい。ちなみに私の場合は当初使っていたレコーダーではうまくいかず、新しいレコーダーを購入してゲインをフルに上げることでようやくノイズに埋もれた微細な音が聞こえるようになった。また、水中マイクを設置するポイントも重要である。岸辺からマイクを垂らした録音では、その池や湖などに特有の生態や水流をうまく録ることは難しいだろう。できればカヌーやボートなどで池や湖のなかほどまで行けることができればよいが、そのようなことが可能な場所は少ないかもしれない。

超音波を録る

人間の耳で聴き取れる周波数の範囲（可聴域）は、年齢や個人差にもよるが、およそ20ヘルツ〜20キロヘルツと言われている。超音波とは20キロヘルツを超える音、すなわち人間の耳には聞こえないとされている超高周波音のことを指す。しかし人間には聞こえない音でも動物には聞こえている場合がある。イルカ（クジラ）やコウモリが超音波をコミュニケーションに用いるのは有名だが、例えば犬や猫も人間よりはるかに高い周波数（50キロヘルツ以上）を聴き取ることができる。人間以外の動物は外敵から身を守るためにかすかな気配のような音まで察知できる必要があるためだろう。

もっとも簡単に超音波を発見し、聴く方法はバットディテクターを使うことだ。バットディテクターとは、コウモリの出す超音波を人間の聞こえる範囲の周波数に変換し、その変換された音を聴くことができるというものだ。バットディテクターには周波数の変換方式によって、ヘテロダイン式、フリークエンシー・ディビジョン式、タイム・エキスパンション式の三種類がある。[11] ヘテロダイン式とフリークエンシー・ディビジョン式では、超音波の変換はリアルタイムでおこなわれるため、例えばコウモリが超音波を発するのと同時に、バットディテクターから変換された音を聞くことができる。ヘテロダイン式は比較的安価だが、高感度で壊れにくいため自然観察会などでよく使われる。私が主に使用しているヘテロダイン式のバットディテクター（Pettersson D100）は、本体前面に周波数を設定するアナログのダイヤルとスピーカーが付いている。このダイヤルで設定した周波数の前後約5キロヘルツの周波数の超音波をキャッチし、実際に鳴っている超音波と設定した周波数の差分の周波数が可聴音として聞こえるというものである。つまり、ダイヤルで周波数を40キロヘルツに設定した場合、45キロヘルツ（あるいは50キロヘルツ）の超音波が鳴るとその差分の5キロヘルツが変換された音として聞こえるわけである。

フリークエンシー・ディビジョン式は、周波数の全域を対象として、設定した値で周波数を分割して、可聴域に変換する。例えば、設定した値が10の場合、40キロヘルツの超音波は4キロヘルツに変換される。最後のタイム・エキスパンション式は、入力された超音波信号を録音し、低速（例えば一〇分の一など）で再生することで、可聴域に周波数を下げるというものである。この方式であれば元の超音波信号を保存できるため、パソコンに取り込んで波形編集ソフトで超音波の周波数解析をおこなうことが可能である。この方式のバットディテクターは高価なものが多く、主に学術的な用途で用いられる。

バットディテクターの音声出力を録音機に接続すればその音を録音することも可能だ（録音機能

を持つバットディテクターもある）。街中をこのバットディテクターを持って歩いてみると、普段聴いている音の世界とはまったく異なる音の世界が広がっていることに気づく。バットディテクターのダイヤルを回し周波数を替えていくと、街のいたるところからドローンのような分厚い持続音、断片的なパルス音が浮かび上がってくる。その音源の多くは、街灯などの照明や機械類が発する超高周波音や雑踏の音である。例えば、ある駐車場の入り口付近ではテクノのキック音のような低いリズミカルなビート音が時々リズムがよれながら聞こえてきた。これはゲート式駐車場で車両を検知するために設置された超音波センサーと思われる（同様に路上のパーキングメーターからも強い超音波が出ていた）。また大通りの歩道を歩いていると低く唸るようなドローン音に加えて、カエルの鳴き声のような高いピッチの音が聞こえる（**音源4—2**）。これはおそらく街灯などの照明から発せられた超音波だろう。また交差点では、ガチャガチャした金属音、ガサガサいう摩擦音が聞こえる。これらの音源は、歩行者のイヤリングや鍵など金属製のモノがぶつかり合う音、服が擦れたり、靴が地面と接触したりする音、コンビニやスーパーのビニール袋などが立てる音のようだ。

また、夕暮れ時に京都の鴨川沿いの歩道や橋の上では多くのコウモリが強烈なパルス音をリズミカルに発していることがわかった（**音源4—3**）。京都の中心部でこれほど多くのコウモリが飛んでいることに、バットディテクターを使うまで私は気づかなかった。いずれにしても、バットディテクターに繋いだヘッドフォンを外すと、上記の音の多くはほとんどあるいはまったく聞こえてこない。超高周波が織りなすサウンドスケープは、視覚的にありふれた都市の風景からは到底想像できないものなのだ。そして、普段人間に聞こえている音の世界がいかに狭い範囲のものであるのかを実感させられたのである。

作品のレビュー

そうした日常の生活空間のさまざまな超高周波音を収録したCD『Ultrasonic Scapes』(Gruenrekorder)を二〇一一年にリリースした。この作品は、コウモリやセミの声といった自然音から、街の雑踏、機械、照明、自分のノートPCやテレビ(ブラウン管)まで、さまざまな生物やモノが発する超高周波音をバットディテクターを使ってリアルタイムに可聴域に変換し、録音したものである。

このCDは実験音楽、サウンドアートを扱う音楽雑誌やメディアなどで多くのレビューが書かれたが、その内容は賛否両論であった。例えば、イギリスの音楽雑誌『The Sound Projector』では「その大部分が知られていない我々の身の周りの聞こえない世界を明らかにする魅惑的な作品」、オランダの老舗実験音楽レビューサイト「Vital Weekly」では「非常に大きな音から、非常に小さな音まで多様な音がうまく配置されている。とても興味深い内容で、要点を得ている」と評価されたが、フランスの「PARIS Transatlantic Magazine」では、「あまりに音楽的な要素が乏しい。（バットディテクターに起因する）ノイズが気になる。もう一度聴きたいとは思わない」、実験音楽レビューサイト「The Watchful Ear」では、「優れたドキュメンタリーは優れた音楽といえるのか？　私には楽しめない」というような批判的なレビューまであった。

この批判的なレビューからわかることは、フィールド・レコーディングがCDやレコードというメディアに記録されリリースされる以上、リスナーはそこに「音楽的」な要素を少なからず求めるということである。この作品で私はバットディテクターを用いて録音した音にトラック間の音量バランスの調整、フェードイン、アウトを除いて、一切の加工や編集を施していない。例えば、それらの音を重ねたり、加工することで、より音楽的に聞こえる作品を作ることも可能であったと思う。しかし、私は先述したように場所や空間の響きをいかに観察し、記録するかという観点からフィールド・レコーディング作品を制作してきた。したがって、この作品に限らず録音した音を再構成することで意図的に音楽的にしようとしたことはない。もちろんバットディテクターで捉えた音は機械的に何らかの変換を施した結果、可聴化された音であり、実際の超音波そのものを収録しているわけではない。しかし、マイクロフォン自体が物理的な振動を電気信号に変換する装置である以上、録音というものはそもそも何らかの「変換」を不可避的に伴う。したがって、私にとってはバットディテクターも場所や空間の響きを捉える一種のマイクロフォンでしかない。

この作品は、学術的な書籍や論文にもいくつか引用された。例えば、サウンド・アーティストで研究者でもあるサロメ・フォーゲリン（Salomé Voegelin）は、二〇一四年の著書『Sonic Possible Worlds』（Bloomsbury）のなかで現代のさまざまなサウンド・アーティストとその作品を題材として、音や聴取の存在論、音の現象学、認識論、倫理などについて考察をおこなっているが、その第5章「Listening to the Inaudible: the Sound of Unicorns（聞こえない音を聴く：ユニコーンの音）」のなかで、この作品を標題とする数ページに渡る論考が展開されている。その冒頭部分を引用する。

柳沢英輔による超音波風景の録音は美しくない、あるいは、あまり耳に快い音ではない。それらの音は歪み、軋み、出っ張り、ひび割れ、ヒューヒューと音を立て、ブンブンとうなり、サウンドスケープというよりスクランブル信号のようである。それでもなお、それらの音がほのめかすものには興味がそそられる。そして我々の耳を実際に聞こえる音と聴覚的想像力の間に行き来させる。（……）これらの録音は聞こえない音を同じ世界の異形として提示しており、世界の実在性や可能性の閾値を見えない深さにまで拡大させる。

人間には聞こえない振動を作品に使用したアーティストはもちろん私が最初ではない。例えば、クリスティーナ・クービッシュ（Christina Kubisch 一九四八－）は周囲の電磁波[12]を可聴域の音に変換して聴くことのできる装置（ヘッドフォン）を開発し、そのヘッドフォンを使って都市の電磁波を探索するワークショップ「ELECTRICAL WALKS」を二〇〇四年頃から継続的におこなってきた。クービッシュは「見るものと聞くものが一致しない場所に自分がいるとわかるととてもわくわくする。なぜならその発見は、別の可能性─並行世界（parallel universe）に気づかせてくれるから」[13]という。彼女はこうしたワークショップ以外にも電磁波に焦点を当てたインスタレーション作品を発表したり、録音した電磁波を素材として編集した音響作品をＣＤの形でいくつかリリースしている。[14]

このように人間の知覚を超えた「聞こえない音」は多くのアーティストの関心を惹きつけ、これまでにさまざまな作品が制作されてきた。これらの作品は人間には知覚できないが現実に確かに存在する「異形」としての世界を聴覚的に想像させる。そこから我々のイメージする「世界」はその外延を溶解させ、再構築を余儀なくさせられるのである。

超高周波の録音とハイパーソニック・エフェクト

最後にバットディテクターではなく、通常のマイクロフォンを用いた超高周波録音について紹介したい。例えば、第3章で述べた無指向性マイクSennheiser MKH8020は、録音可能な周波数帯域が10ヘルツ〜60キロヘルツと極めて広い。つまり、人間には聞こえない20ヘルツ以下の超低周波や20キロヘルツ以上の超高周波も含めて録音することができるマイクだということだ。他に超高周波領域まで録音可能なマイクロフォンに、Earthworks QTC50（周波数特性3ヘルツ〜50キロヘルツ）、Sanken CO-100K（周波数特性20ヘルツ〜100キロヘルツ）などがある。これらのマイクと、サンプリングレートが192キロヘルツに対応したレコーダーを使えば、理論上、96キロヘルツまでの超高周波を録音することができる。[15]

自然の音に含まれる超高周波は、コウモリやセミなどの生物が発する音に限らない。川のせせらぎ、森の音、滝の音など人間が心地よいと感じる自然音の多くには超高周波が含まれているといってもよい。また私のこれまでの調査から、同じ小川のせせらぎでも、川底が整備されて流れが速いポイントよりも、川底が整備されていないために石や砂利などが多く、流れが緩やかな箇所の音の方が、超高周波成分が多く含まれているらしいことがわかってきた。興味深いのは、（可聴域内の）川音の音量自体は前者の方が大きく、後者の方が小さいということだ。すなわち、川の音の大きさと超高周波領域の周波数成分の量は必ずしも比例しないのである。このことから、同じ録音対象でも録音地点の「環境」によって超高周波成分の分布が変化することが示唆される。

また超高周波はピアノやギター、クラシック音楽で使われる管弦楽器よりも、非西洋のいわゆる民族楽器の音に多く含まれている。例えば、インドネシアのガムランなど金属打楽器や日本の笙《しょう》や篳篥《ひちりき》、三味線をはじめとする和楽器の音には超高周波が豊富に含まれている。これは非西洋の音楽が西洋楽器では「雑音」として排除されてきた非整数次倍音を多く含む響きを積極的に取り入れて発展してきたことと関係しているだろう。

近年の研究で、これらの超高周波（より正確に言えば、非定常なゆらぎ構造をもつ超高周波成分）を豊富に含む音が人間の「基幹脳」（中脳・視床・視床下部などの領域）を活性化させ、心身に良い影響を与えることが明らかになってきた。[16] 具体的には、脳血流の増大、脳波α波の増強、免疫活性の上昇、ストレス性ホルモンの減少など生理面での影響や、音や映像の美的感動が高まるといった官能評価面での影響もあるという。例えば、森林浴などで癒されたと感じたり、ガムランの演奏者や観客がしばしばトランス状態に陥いるのは、こうした超高周波を含む音が関係しているらしい。こうした現象は「ハイパーソニック・エフェクト」と名付けられ、音楽集団、芸能山城組組頭で脳科学者の大橋力《おおはしつとむ》（山城祥二）を中心とする研究グループが発見し、研究が進められている。興味深いのは、ハイパーソニック・エフェクトの発現に関与する超高周波の主たる受容部位は聴覚系には存在せず、体表面に存在するということである。[17] つまり、超高周波音を含む音を録音、再生してハイパーソニック・エフェクトを発現させるには、ヘッドフォンやイヤフォンによる聴取からでは効果がなく、超高周波に対応したスピーカー（およびアンプ）から再生し、身体全体でその音を受け止める必要があるということだ。また可聴域の音に対しても細胞レベルで遺伝子応答が起こることを示した最近の研究もある。[18] つまり、超高周波を含む音（空気振動）というものが耳を通して受容されるだけでなく、体表面の皮膚を通して「聴いている」可能性があるということだ。

このような自然環境や楽器の音に含まれる超高周波音の分布とそれらが人間に与える影響に関してはまだ不明な点が多く、今後の研究の進展が期待されている。そのためには、世界各地の異なる生態系や「音楽」を超高周波領域も含めて録音、分析し、さまざまな条件下で実験をおこなうことで実証的なデータを積み重ねていく必要があるだろう。そして、こうした超高周波領域にも着目して録音をおこなうことは、「聴く」という行為が「耳」という感覚器に特権的なものではなく、全身体的な「知覚行為」として捉えることへと認識の転換を促す意義もあるはずだ。

人間には物理的、周波数的に聞くことが難しい振動をテクノロジーの力で可聴化し、記録するプロセスを通して、本章の冒頭で述べた「他の生物や非生物（モノ）を通して世界を観察するような脱人間中心的な視点」を得ることができるだろう。つまり、我々が日常生活のなかで聞いている音というのが実際には「振動世界」全体のごく一部に過ぎず、我々には聞こえないさまざまな振動がこの世界にはあふれているということ。それを単に知識として知るだけでなく、録音という実践（録音作品を聴くことを含む）を通して体験的に理解すること。このようにして知覚の閾値《いきち》を想像的に広げることで、我々は新たな「身体」を獲得し、「世界」を異なる視点から捉えることができるようになるのだ。

［注］

1 コンタクトマイクの自作方法、録音方法などは例えば以下が参考になる。「building contact microphones」https://maaheli.ee/main/building-contact-microphones/

2 フィールド・レコーディング用途として製品化されているジオフォンにLOM Geofónなどがある。

3 佐々木敦は、角田の録音について、広義の「音」という物理現象の「客観性」を志向するものではなく、むしろ「客観性への批判」なのだと指摘している（佐々木敦『(H)EAR』（青土社、二〇〇六））。

4 デヴィッド・ダンによる特殊なマイクの自作方法は以下で公開されている。「Microphones, Hydrophones, Vibration Transducers: Rolling Your Own」https://www.zachpoff.com/site/wp-content/uploads/David-Dunn-Microphones_Hydrophones_Vibration-Transducers__Rolling_

Your_Own__Dunn2007.pdf

5 竹村暘『水生動物の音の世界』（成山堂書店、二〇〇五）を参照した。

6 テッポウエビの発する音を録音した作品にヤナ・ウィンデレン（Jana Winderen 一九六五－）による『The Noisiest Guys on the Planet』（Ash International 二〇〇九）がある。

7 岡崎峻「聞きえないものを聞く」（二〇二二）は、「沈黙の場」から「騒々しい空間」へと海中の音環境のイメージの変化が起きたのは一九五〇年代前後であり、その背景には当時ハイドロフォンで録音した海中の音がラジオや映画、LPなどで発信されることによって人々の聴覚的想像力が拡大したためである、と指摘している。

8 例えば、以下を参照。「Choosing a Hydrophone For Field Recording」https://www.zachpoff.com/resources/choosing-a-hydrophone-for-field-recording/

9 Camille Desjonquères et al.「First description of underwater acoustic diversity in three temperate ponds」（二〇一五）は池の水中音の音環境に焦点をあてた数少ない論文のひとつである。

10 瓢簞池はいくつかの他の池と水路で繋がっておりカヤックで往来できる。

11 バットディテクターの変換方式については以下を参照した。「バットディテクター」http://www.din.or.jp/~fpc/Ptr/bdtctr.htm

12 電磁波（電波）は、電場と磁場の変化を伝搬する波動であり、音波と異なり振動を伝える媒質（気体、液体、固体）が不要なため、真空の宇宙空間にも伝わる。また電波は秒速三〇万キロメートル（光の速度と同じ）で一秒間に地球を約七周半進む。

13 Cathy Lane & Angus Carlyle『In the Field』（Uniformbooks 二〇一三、六七頁）からの引用。

14 例えば、ＣＤ作品に『The Magnetic City』（Ville de Poitiers 二〇〇八）などがある。

15 ただし、経験上、192キロヘルツ（あるいはそれ以上）に対応したレコーダーでも20キロヘルツ以上の超高周波領域にノイズが多いものが少なからずある。

16 詳しくは大橋力『音と文明』（岩波書店、二〇〇三）、『ハイパーソニック・エフェクト』（岩波書店、二〇一七）を参照のこと。

17 仁科エミ「ハイパーソニック・エフェクトの発現メカニズムに関する研究の進展」（二〇〇八）を参照した。

18 例えば Kumeta Masahiro et al.「Cell type-specific suppression of mechanosensitive genes by audible sound stimulation」（二〇一八）を参照のこと。

column4

レコーダーとマイクの設置（2）

風防とマイクの設置

マイクロフォンに装着する風防についても簡単に説明する。音質の点のみから言えば、風防は使わない方がいい。風防を使うと風切り音を低減させる代わりに、高域も若干落ちてしまうからである。しかし、天候にもよるが、屋外では風防は必須と言える。風が強い日、海岸など多くの時間帯で風が吹いている場所では、風防がないと録音にならないだろう。また突然の雨や強風、粉塵などからマイクロフォンを保護する意味でも野外では風防を常に装着しておく方がよい。

風防は素材によってスポンジ型、ファー型、カゴ型の三種類があり、それぞれウインドスクリーン、ウインドジャマー、ウインドシールドと呼ぶこともある。マイクロフォンを購入すると多くの場合付属しているのがスポンジ型の風防である。これは簡易的な風防であり、音質への影響は少ないが、耐風性能も低い。ファー型の風防は、耐風性能がそれなりにあるが、音質への影響も比較的に大きい。カゴ型の風防は耐風性能がもっとも高いが、大きく、重く、音質への影響ももっとも大きい。風に吹かれやすいガンマイクではカゴ型の風防が使われることが多い。また、これら三種類の風防はしばしば組み合わせて使われる。

個人的によく使うのは軽くて持ち運びも容易なファー型の風防（ウインドジャマー）である。無指向性マイクの場合、風速二〜三メートル程度のそよ風であればウインドジャマーがあれば問題ないことが多いが、風速四〜五メートルを超えると風切り音がかなり大きく入り、場合によってはレベルオーバーする印象である。なおRycoteの風防はフィールド・レコーディング用途でも定評があり、音質への影響も少なく感じられるのでお勧めである。

次にマイクロフォンの設置方法について説明する。野外で使う場合、カメラ用の三脚などにステレオバーとピストルグリップ（ショックマウント付属）をつけてマイクを固定するか、ピストルグリップを手持ちで録音するなどの方法がある。レコーダーの内蔵マイクで録音する場合、手持ちで録るか、カメラ用三脚などにそのまま設置すればよい。ステレオマイクを使う場合も、ピストルグリップ、三脚、ブームポールなどに固定して使う。三脚は強風で倒れないよう安定した場所に立てる。ラベリアマイクなど超小型マイクを使う場合、自分の身体（耳や頭など）や動かないモノ（木、岩、柱、フェンス、椅子、眼鏡、洋服、バッグなど）にテープで固定したり、両手で持って録音することもある。

録音に行く前の準備

フィールド・レコーディングでは、適切な録音スポットを探し求めて長時間歩き回ることが多い。どこでどのような音が鳴っているのか事前にインターネットや書籍などで情報を得ることは難しく、実際に現場を歩き回りながら「観察する」作業が重要になるからだ。これまで述べたように、録音機材はマイクロフォン、レコーダー、ヘッドフォン、バッテリー、ケーブル、風防、三脚、ステレオバー、ピストルグリップなどそれなりに必要なものが多い。したがって、一つひとつの機材はできるだけ小さく、軽い方が良い。例えば、三脚はある程度安定性があることが条件だが、できるだけ縮長が短く、軽い（一キログラム以下）ものを私は選んでいる。また録音機材はバックパックに百円均一で購入したポリエステル製のケースに分けて入れて持ち運ぶことが多い（三脚を除く）。これは家でも収納ケースとして使っているのだが、突然の雨などで濡れることがないようにというのと、透明なのでどこに何が入っているかすぐに視認できるためだ。またマイクロフォンは湿気に弱いので、シリカゲルなどの乾燥剤を一緒にケースに入れている。

また現場であたふたして録音チャンスを逃すことのないよう、とくに初めて購入したレコーダーは録音現場に行く前に室内で試し録音をして操作方法を覚えておく必要がある。ビットレート・サンプリングレートの設定、録音レベルの調整、ヘッドフォンでのモニター、ファンタム電源やリミッターのオン、オフなど、実際に現場でするように機材を繋いで録音してみるのがよい。またバッテリーが充電されているか、ＳＤカードをレコーダーに入れ忘れていないか（コンピューターに取り込んだ後にレコーダーに戻し忘れたことがある）、その空き容量が十分にあるか、ステレオバーのネジが緩んでいないかなどもこの時に確認する。録音機材はどれかひとつが欠けても録音自体ができなくなる恐れがあるため、録音に行く前にその都度確認する必要がある。

最後に

録音機材はウェブ上の情報も参考にして、とくに音のインプットを担うマイクロフォンとアウトプットを担うヘッドフォンは多少値段が高くても長く使える質の良いものを購入することをお勧めする。それが自分の音の基準、いわば「主観性」の基準を作っていくことになるからだ。そして、それぞれの録音機材の「癖」を理解し、自分なりの録音方法を身につけるためには、さまざまな場所・状況で録音をおこない、失敗を重ねながら経験を積んでいく必要がある。このように録音機材を身体化していくプロセスを通して、フィールド・レコーディングの面白さと難しさを実感し、その魅力にはまっていってほしい。

第5章

音のフィールドワーク

本章では、主に学術的なプロジェクトやフィールドワークに基づくフィールド・レコーディング作品の紹介を通して、フィールド・レコーディングという実践が学術とアートを繋ぐようなさまざまな研究／芸術活動においておこなわれていることを示していく。

音響生態学や生物音響学、民族音楽学などフィールド・レコーディングが主要な調査手法としておこなわれている学術分野ではこれまでに数多くの作品が出版されてきた。本章では、そうしたなかでも比較的に焦点が当てられることの少ない人類学、社会学、民俗学的なフィールド・レコーディング作品を紹介したい。ここでは人類学者、社会学者などの研究者が制作した作品だけでなく、アーティストが制作した人類学的、民俗学的、社会学的な要素を持つ作品も紹介する。[1]

人類学的なフィールド・レコーディング作品

人類学的なフィールド・レコーディング作品を制作するパイオニアの一人として、「音の人類学」を提唱した文化人類学者のスティーブン・フェルド（Steven Feld 一九四九－）が挙げられる。フェルドは、パプアニューギニアのボサビの森に住むカルリの人々の生活や歌と森のさまざまな環境音との結びつきを研究し、一九八二年に詩、泣き、うた、鳥の声、滝の音などを通してカルリの象徴体系を分析した『Sound and Sentiment』（邦訳『鳥になった少年』山口修ほか訳、平凡社、一九八八）を出版した。そして、一九九一年にカルリが生活する森の二四時間のサウンドスケープを一時間に編集した作品『Voices of the Rainforest』（Rykodisc）をリリースする。

この作品が画期的であるのは、録音対象であるカルリの人々との協働により、録音がボサビの森のなかで「プリミックス」されたことにある。フェルドによれば、Nagraのオープンリールレコーダーで録音した音源を三台のカセットテーププレーヤーにコピーして森に持って行き、カルリに自由にテープレコーダーのつまみを操作させて、彼／彼女らがどのように森の奥行きや高さを把握しているのか、鳥、水、蟬の音とうたをどのようなバランスで聴いているのかを理解しようとしたという。[2]

そもそもフィールド・レコーディング作品は、外部者である録音作家がその土地の響きを彼／彼女の視点から録音し、編集したものが大半である。そうした作品には、その土地に住む人々がどのようにその土地の音を聴いているのかといった視点が欠けていることが少なくない。しかしこの作品は、もちろん録音・編集者としてのフェルド自身の感性、視点も反映されているが、カルリの人々が音を通してどのように世界を認識しているか、すなわちカルリの人々の視点ならぬ「聴点」を、聞き取りや会話など言葉を通したやりとりだけでなく、現場に持ち込んだ録音メディアを通して把握し、表現しようとしたのである。

この作品の内容を紹介する前に録音、編集手法や機材について記しておきたい。フェルドはこの作品について、民族音楽学的な録音資料というよりは、録音した音を編集し、再構成したミュージック・コンクレートに近いものと捉えている。[3] 実際に音を聴いてみると、異なる場所で録音した音を重ねたり、加工していることがうかがえるが、音源の持つ響きをなるべく変容させないように慎重に編集し、作品化しているように感じられる。

録音方法は、無指向性マイクでその場の響き全体を捉えるのではなく、単一指向性マイクで個々の音源（川の音、カルリのうた、鳥の声、虫の音、作業音など）を個別に録音している。音質は一つひとつの音の鮮度がとても高く、生々しい。同時に丸みを帯びた高域や低域の描写にアナログ録音らしい音の艶や厚みが感じられる。ライナーノーツの最後に記されている録音機材を見ると、Nagraの最高峰のオープンリールテープレコーダーを用いてレコーディングしていることがわかる。[4] またアナログのテープ録音とは思えないほどS／N比が良いのは、フェルド自身も書いているように録音の際にBrystonのポータブルドルビーSRノイズリダクションを用いた効果もあるようだ。そして、森の高さと深さを表現するため、先述したカルリの人々とボサビの森でおこなったプリミックス（録音を介した対話）もふまえ、ポスト・プロダクションにおいて、プロデューサーのミッキー・ハートとともに二、三組のステレオトラックを組み合わせて、カルリが聴く音の世界を表現しようとした。[5] 実際に聴いてみると、一つひとつの録音素材を編集によって丹念に組み合わせることで、カルリの聴くサウンドスケープを再構成しようとする意図が感じられる。

最初のトラックは〈From Morning Night to Real Morning〉というタイトルの夜明けの森のサウンドスケープである。虫の音を背景にさまざまな鳥の声が朝露の湿り気を帯びた長い余韻を伴って、重なり合い、響き合う様子が収録されている。次のトラック〈Making Sago〉はカルリの女性が主食であるサゴ椰子の澱粉《でんぷん》をサゴの木から削り取って砕く作業音とその際に歌われるうたが収録されている。またライナーノーツには歌詞の内容が記されている。興味深いのはカルリのうたには森の小川や地名がそこかしこに登場し、一種の「地図」のようになっているということである。フェルドによれば、カルリの歌詞は、森のなかの名づけられた場所をつなぐ「小道」と考えられており、名づけられた場所を次々と歌うことは、連続した土地を通って水路とともに流れる旅へと聞き手を連れ出すことであるという。[6]

続く二曲はカルリの男達がポリフォニーのうたを歌いながら木々を伐採し、その後、女達がうたを歌いながら鉈で草を刈る作業音が収録されている。さらに続く二曲は昼間の録音で、鳥の声や虫の音を背景に演奏する竹製の口琴、渓流の流れを背景にギサロと呼ばれる形式の女性によるうたが収録されている。次の曲は、夕暮れ時の森の環境音に焦点が当てられる。さまざまな鳥の声、コオロギなどの虫の音がフェルドの言う「重ねあげた響き (Lift-Up-Over Sounding)」を作りだす。途中からフクロウ、蛙の声、パルス音のようなセミの声が強くなる。次の曲は森に降り注ぐ雨の音である。森に響く虫や蛙の声を背景に、草葺き屋根に当たる雨音が心地よい。次の二曲は儀礼の音である。最初の曲が太鼓の演奏、次の曲がコルバと呼ばれる儀礼の音である。太鼓、歌、マラカス、その場にいる人々の声が交差し、流動的に音場が展開していく。最後のトラックは再び森の環境音に戻り、夜中の森に虫や鳥、蛙の声が響く。

これらのトラックはクロスフェードで繋がっており、リスナーはカルリが生活する森の音を早朝から夜中まで一続きのサウンドスケープとして疑似的に体験できるように編集されている。ライナーノーツには人類学者であるフェルド自身の長年の現地調査に基づく各トラックの詳しい解説が書かれており、リスナーの知的好奇心を満足させる。一方、まったくライナーノーツを読まずに作品を聴いたとしても、リスナーの想像力を大いに喚起させるような興味深い録音であることは間違いない。つまり、この作品はフェルド自身が述べているように「音楽作品(ミュージック・コンクレート)」としてその響きの連なりに身を任せて楽しむこともできるし、フェルドの長年に及ぶ人類学的なフィールドワークに基づく「音響民族誌（sonic ethnography）」として捉え、その録音の文脈を含めてより分析的に聴くこともできるだろう。

うみなりとなり

次に音風景研究家の岩田茉莉江と私が共同で制作した沖縄・南大東島のフィールド・レコーディング作品『うみなりとなり』（二〇一八）を紹介したい。[7]『うみなりとなり』は、島の環境音などを収録したCD、岩田の「音絵」[8]や島民の言葉を収録したブックレット、各トラックの録音場所や録音状況を記した島の録音マップなどから構成される（**写真5−1**）。南大東島は沖縄本島から三六〇キロメートルほど東にあり、サンゴ礁が隆起してできた隆起環礁である。したがって、島の周囲は断崖絶壁で白砂のビーチなどは存在しない。一〇〇年ほど前に東京の八丈島からの移民が島を開拓して人が住むようになった。開拓当時から現在まで島の基幹産業はサトウキビ栽培と製糖である。

我々は、南大東島の島民の「聴点」に焦点を当てて作品を制作することにした。まず四〇人を超える島民に島の好きな音、記憶に残る音とその理由などについて聞き取り調査（インタビュー）

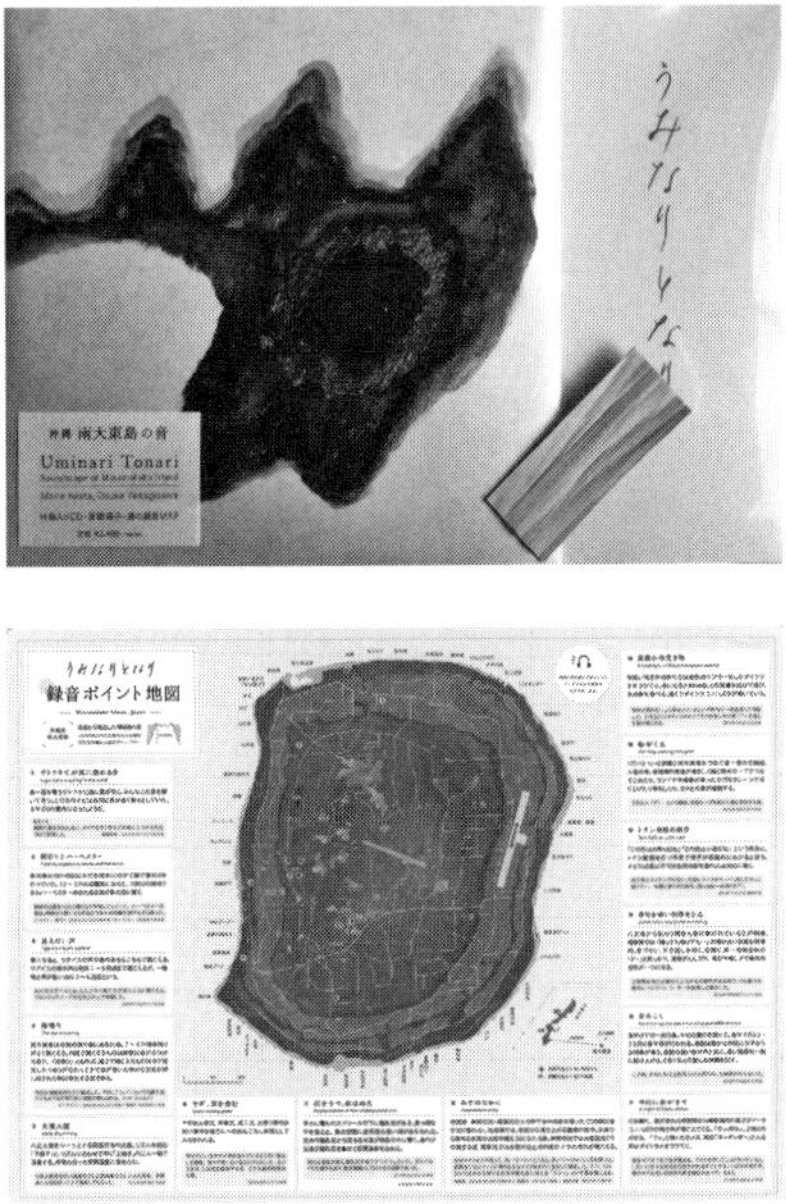

写真5-1:『うみなりとうなり』のパッケージ(上)と同封した地図(下)

をおこなった。インタビューでは、フェルドがおこなったように、適宜、島で録音した音をヘッドフォンで島民に聞いてもらいながら、彼／彼女らの音に対する認識や感性を言葉として引き出そうと試みた。このような録音メディアを媒介にして情報提供者（インフォーマント）の語りを引き出そうとする手法を「録音誘発（sound elicitaion）」と呼ぶ。

このようにして、島民から挙げられた音や我々自身が島を探索するなかで見つけた島の特徴を示すと考える音を録音していった。『うみなりとうなり』に収録した音は**表5-1**の通りである。

島民の語りは、付属の冊子にテキストとして入れたほか、トラック2と4で岩田と島民の会話（聞き取り調査の様子）を「声」として入れることで、我々と島民との関係性、島民の環境に対する感覚や音の記憶が「声」を通して感じ取れるようにした。なお各トラックは、会話と環境音をクロスフェードでつないだ部分を除き、基本的に音を重ねたり、加工したりせず、録音した音をそのまま収録している。トラック4の〈海鳴り〉（**音源5−1**）の冒頭では、漁師であり、サトウキビ農家のA氏（七〇代男性）と岩田との会話が収録されている。

A氏「海鳴りは、台風時期には、台風来る前に、だいたいルソン島の二〇度線（に台風が）来たら、ゴーゴーゴーゴーって海軍棒の（ところで）海鳴りす

表5-1:『うみなりとうなり』のトラックリスト

	タイトル	主な録音対象	時間
1	サトウキビが風に揺れる音	サトウキビ	3：37
2	種切りとハーベスター	種切り、ハーベスター	7：37
3	見えない声	ダイトウウグイス	4：03
4	海鳴り	海鳴り	5：12
5	大東太鼓	大東太鼓の演奏	2：59
6	ヤギ、草を食む	ヤギ	1：36
7	石をうつ、水はねる	島の子供の即興演奏	3：52
8	みずのなかに	地底湖と池の水中音	5：39
9	神宮に夜がきて	ダイトウコノハズク	3：11
10	おみこし	御神輿	2：42
11	甚句を唄い相撲をとる	大東相撲	6：34
12	トタン屋根の雨音	雨音	7：52
13	船がくる	船の発着音	6：13
14	真夜中の生き物	ダイトウオオコウモリ	3：12

るわけよ。今風車があるところ。海軍棒のプールがあるでしょう。あの辺の海。ゴーゴーって鳴りよったよ」

岩田「ふーん」

A氏「だから、海鳴りって僕が言うのは、向こうがゴーゴーゴーっていうもんだから。海が。すごいよ」

岩田「そしたら（台風に備えて）準備するの？　台風来るなあと思うの？」

A氏「うん。二〇度線越えて、海鳴りしたら……。ただ海鳴りしたときに（台風が）来ない時もあるよ。ずっと西に行ってしまってから。波から先来ると。やっぱし、台風来ないと知る」

（中略）

岩田「家の戸よ」

A氏「あー戸ゴトゴトするよ。しよったよ。今日はまだ（ゴトゴト）しない」

岩田「今日はまだ？」

A氏「うん。どうしても二〇度線来ないと、戸はガタガタゴトゴトしないよ」

＊（　）内は筆者による補足

A氏は海鳴りの振動を身体やモノ（家の戸）を通して感じると、台風の到来に備えて、キビが倒されないようにキビを縛って固定するという。このように、島民は、環境音の変化を鋭敏に感じ取り、それらの情報に何らかの意味づけをおこない、さらに特定の行動の判断基準としている。

海鳴りは人間の耳に聞こえる周波数の「音」だけではなく、人間の可聴域下限の20ヘルツより低い超低周波を豊富に含む「振動」である。そうした「振動」が島民の身体を揺さぶり、戸をガタガタ震わせるのである。先述したように、我々は耳に聞こえる「音」の世界にではなく、身体やモノを通して感受される「振動」の世界に生きている。島民の語りはこうした「振動」を通した環境との関わり方を示すものとして捉える必要がある。

次に現在では聞こえなくなった「歴史の音」を再現してもらい収録した例を示す。トラック2の〈種切りとハーベスター〉（**音源5-2**）では、サトウキビ農家のB氏（五〇代男性）に、昔おこなっていた「種切り」を再現してもらい、その音を録音するとともに、B氏の語りを収録した。その語りの一部を載せる。

B氏「種きりの音っていうのは、昔々、自分たちがこどもの頃植え付けしていた頃の音なんだよ。植え付け機が自動プランターになる前だね。自分たちが一八歳くらいだから四〇年前の音になる」

自動プランターやハーベスターが導入される前は、キビの植え付けと収穫はすべて手作業でおこなっていた。B氏にとって種切りの音は幼い頃の記憶と結びついた音であり、個人的ノスタルジア[9]を喚起する音であるとともに、島のある世代以上の人にとっては共有された集合的記憶の音でもあると推測できる。

『うみなりとなり』には、環境音だけでなく演奏音も収録している。トラック7の〈石をうつ、水はねる〉では、島の鍾乳洞内で子供たち（島の民謡歌手グループ「ボロジノ娘」のメンバー）に地面に落ちている鍾乳石や水溜まりなどを用いて即興で演奏してもらった音を収録した。数千年、数万年という長い時間をかけてできた鍾乳洞という環境のなかで、石を擦ったり、叩いたり、水溜まりに落としたりすることで、色々な響きが重なり合い、リズムが生まれる様子からは、音楽のもつ原初的な魅力が感じられた。またトラック5の〈大東太鼓〉では、島の伝統芸能である大東太鼓の演奏を収録した。大東太鼓とは、八丈太鼓をルーツとする両面打ちの太鼓で、リズムを刻む「下拍子」と、リズムに合わせて叩く「上拍子」の二人一組で即興で演奏する楽器である。大東太鼓の文化継承を担う大東太鼓《だいとうだいこ》碧会《あおいかい》の協力の下、島の海岸や神宮に太鼓を運んでもらい、環境音が聞こえるなかでその演奏を収録することができた。これらは島民との協働作業による録音の事例と言えるだろう。

作品の完成後、最初に南大東島で作品のお披露目を兼ねて講演会とワークショップをおこなった（ワークショップについては、第6章を参照のこと）。講演会では作品の内容や制作プロセスについて、録音音源や島民におこなったインタビュー映像などを紹介しながら説明した。質疑応答や講演後には、多くの島民から意見や感想をいただいた。例えば、三〇代のある男性は先述したA氏が海鳴りについて語る映像を見て、「（海鳴りの）このような聴き方があることをまったく知らなかった」と述べた。また別の二〇代の男性は「海鳴りの存在さえ知らなかった」と驚いた様子であった。音の聴き方や音に関する知識は個人差が大きく、それは居住環境、職業、世代などとも関係している可能性があるのだろう。

このように、録音メディアを活用して人々の営みを理解、考察し、表現しようとする協働的・実践的な研究手法を私は音響民族誌として位置づけている。そして、フィールド・レコーディングはその主要な調査手法であり、研究の成果物でもあるのだ。

ドナウ川のサウンドマップ

地域住民の「聴点」を含めてサウンドスケープを捉えた作品として、アーティストのアニア・

ロックウッド（Annea Lockwood 一九三九－）による『A Sound Map of the Danube』（Lovely Music 二〇〇八）を紹介したい。これは、二〇〇一年の冬から二〇〇四年の夏にかけておこなった、南ドイツにあるドナウ川の源流から、オーストリア、スロバキア、ハンガリー、クロアチア、セルビア、ブルガリアを通って黒海に流れ込むまでの川の音と流域のサウンドスケープ、地域住民の語りなどの録音から成る作品で、三枚組（合計一六トラック）のCD、地域住民の語りが英訳されたテキストを含むライナーノーツと録音マップ（裏表で大判の一枚）から構成される。語りが収録された地域住民は一三人おり、その職業は、窓の製造業者、市長、ペンションのオーナー、教師、家具職人、造船業者、船長、アーティスト、漁師、合唱団の監督、詩人／本屋、海洋エンジニア／観光ガイドなど多岐にわたる。

この作品はドナウ川流域の各地点の環境音をそのまま収録した「非加工」の録音作品ではなく、それぞれのポイントにおける川の多様な音色（水中音を含む）に流域の環境音（ヤギの声、鳥のさえずり、蛙の声、鐘の音、水車の音など）と地域住民の語り（声）を重ね、さらに音の加工を随所に施すことで、作者の視点を通して表現されたサウンドスケープ・コンポジションである。またドナウ川流域のサウンドスケープのドキュメントであると同時に、それらを素材として表現された「作曲作品」でもある点で、第1章で触れたマリー・シェーファーの『The Vancouver Soundscape』も想起させる。マイクは主に単一指向性のステレオマイクを手持ちで使っているようだ。ポイントごとに川の音色、音の大きさ（流れの速さ）、流域のサウンドスケープは変わるため、川とマイクの距離を入念に探りながら録音をおこなったと想像できる。

作品全体を通して感じるのは、「あなたにとって川はどのような意味を持つか？」との作者の問いかけに対する、地域住民の川に対する思いやライフヒストリーを語る声が、多様な川の音色のなかに浮かび上がってくることである。つまり、環境音と地域住民の声というまったく異なる性質の音が、川の流れのように水嵩《みずかさ》や速さを変えながら、別れたり、合流したりを繰り返すことで再構築されたサウンドスケープが展開していく。付属の録音マップには録音ポイントや録音日時が記載され、人々の語りが全訳されて収録されていることから、ドナウ川流域のサウンドスケープの調査記録としても資料的な価値が高い。環境音と地域住民の語りの声を組み合わせることで、ドキュメント性と美的な要素が融合したフィールド・レコーディング作品の好例である。

角田俊也『Somashikiba』

民俗学的な視点を内包したフィールド・レコーディング作品には、先述したアーティストの角田俊也による『Somashikiba』（edition.t 二〇一六）という作品もある。この作品は角田の長年のロケ

CD1 SUGARUYA Somashikiba is a name of a graveyard for dead cows and horses that had worked on local farms, originally being built in some villages in the Edo period about 400 years ago. The Somashikiba in Sugaruya Village was located in the border with Koenbo Village.* There are five small (about 50 cm tall) stone pagodas standing as its only remnant on the side of a farm road, surrounded with trees. On the surface of one of these stone pagodas, the year 1798 and the era name were carved, with a relief of a figure of a horse that is running on the terrace with Buddhist scriptures. Another one has the name of a headman of a Sugaruya Village in the late Edo period, Suzuki San'emon, and the year 1876 and the era name were carved on it. San'emon's name is also carved on the other stone pagoda from 1885, which has a eulogy dedicated to the souls of their farm animals. All the other stone pagodas were badly weathered, so we cannot read the letters carved on the surface any more. According to the residents' survey of Sugaruya Village back in 1840, the village had about 68 houses, 20 horses and 14 cows. Also, the survey shows that the headman of the village Suzuki San'emon had one of each horse and cow. The lore of Somashikiba in Sugaruya Village is still alive, and perhaps this might be the only place that still has kept its historic flavor in the Miura Peninsula in the present. Unfortunately, only a few people remember that this place used to be a graveyard for dead cows and horses that worked in local farms. Even local residents barely know about it.

The oldest record on the name of Sugaruya goes back to the Muromachi shogunate era in 1448. It was also called Sugariya in old days. 'Sugari' used to mean 'bees', and there is a belief that the name of Sugariya came from the episode that the village had a lot of bees in those days. Also, there are a few other beliefs that 'Sugaru' was an old name of Ammophila (hunting wasp), and that it was another name of a deer. In Nagasaki dialect, Sugari means 'ants', and in Toyama City area, it means 'a bag of net'.

*Note: This area is still a border between Yokosuka City and Miura City today.

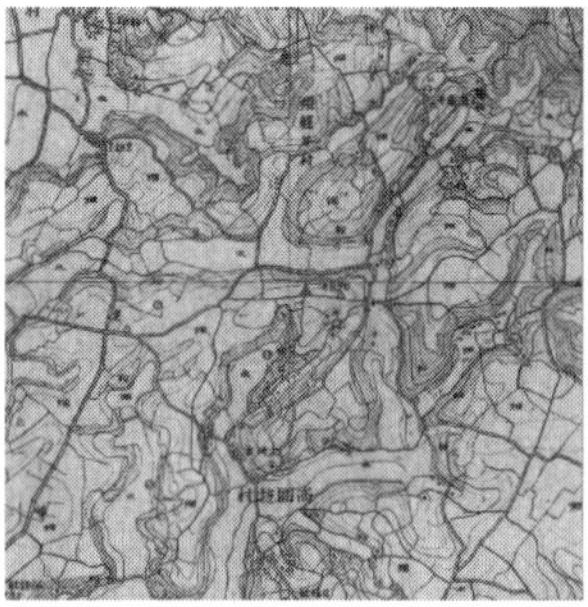

写真5-2『Somashikiba』のジャケット（左）と同封された約100年前の地図（右）

地である三浦半島の郷土史書籍で知った「ソマシキ場」（明治初頭までの死牛馬の捨て場）のかつての面影の残る場所を探索し、その場所の環境音を録音したものである。録音されているのはもちろん現在の音であるが、そこを録音する際の主観的な時間の基準を約一〇〇年前に置き、その場所の過去の出来事を録音の文脈としている点が特徴的である。ジャケットには郷土史の文章が一面に配置され、解説には一〇〇年前の地図に録音場所が示されている。録音の文脈を理解した上で音を聴いて欲しいという作者の意図がうかがえる（**写真5−2**）。

これらの録音を聴いてまず驚くのは、作者の意図通り、どこか時代性を超越したような音に聞こえることである。普通に考えれば、現代の音環境をそのまま録音し、作品化しても、それはやはり現代の音としか聞こえないだろう。つまり、録音が有する時代性（具体性）を超えて、作品がある種の抽象性を獲得するためには、作品の制作プロセスにおいて何らかの工夫が必要となる。ライナーノーツによれば、録音には二本の無指向性コンデンサーマイクが使用され、それらをトラックによって三〜一〇メートルほど離して設置したという。その理由として、なるべく広い範囲の響きを録音したいという欲求があったという。これはコラム2で述べたように、一般的なABステレオ方式の間隔よりもはるかに広い。「音楽」を録音する場合、左右のマイク間の距離を離していくと中抜けと言って中央の音が薄くなっていき、とくにスピーカーで聴くと不自然な音像になりやすい。この録音の場合は、あえてマイク間の距離を通常よりも離して設置したことで遠近感や定位が曖昧になり、どこか抽象的な音像に聞こえるのかもしれない。

そして編集作業では、大きな音声が入った部分の入力箇所を相対的に弱め、自動車の排気音、通行人の足音や話し声といった現代と結びつきの強い要素や、風による吹かれなどを取り除いたという。ジャケットや解説の情報に加えて、このような録音、編集プロセスを経ることで録音は現代という時代性を超越し、リスナーがそれらの音をその場所で過去に起きた出来事と結びつけながら聴くことをより可能にしていると言える。つまり、この作品では場所の歴史という録音の文脈を示すために、テキストと図、写真を用いて録音場所の過去の出来事を説明しているだけでなく、録音の方法や編集上の工夫を通して、その文脈を音の面からもリスナーに伝えようとしているように感じられるのだ。

アンガス・カーライル『Air Pressure』

『Air Pressure』（Gruenrekorder 二〇一二）はアーティストのアンガス・カーライル（Angus Carlyle）と社会人類学者のルーパート・コックス（Rupert Cox）が、成田空港の拡張する敷地に囲まれながら有機栽培で野菜を育てている農家に四週間泊まり込み、二人のコラボレーションによって制作したフィールド・レコーディング作品である。ちょきん、ちょきんと鋏《はさみ》でトマトを収穫する音や野鳥がさえずるのどかな音風景は、至近距離で離発着する飛行機の轟音に度々かき消される。背景には一九六〇年代から続く成田闘争（三里塚闘争）の歴史があるが、このような苛烈で孤立した環境下で今なお暮らす人がいることは日本でもほとんど知られていないだろう。極めて高音質の録音が収録されたCDに、トラックの解説、フィールドノート、農家との会話などを収めたブックレットが付属しており、場所の歴史という録音の文脈を知ることができる。

最初のトラックに収められているのは成田空港近くの森のなかにある空き地で録音された音である。ウグイスなどの鳥のさえずりに、時折車の走行音が入る。そして救急車のサイレンが聞こえてきてやや不穏な雰囲気を帯びると、突如、飛行機が離陸する轟音がそれらすべての音をかき消す。飛行機が飛び立ち、静かになった森では再び鳥がさえずる。この四分弱のトラックを聴くだけでも、この作品のテーマが感じ取れる。

　そして次のトラックからは、農家の敷地内で録音されたと思われる音、すなわち環境音や農作業の音が続く。それらの音も飛行機が発する轟音に度々かき消される。もちろん空港の敷地と農家の敷地はコンクリートの壁や金網によって視覚的に区分されている。しかし、飛行機が地上を移動する際に発せられるタキシング音や離発着の音はそうした視覚的な境界を容易《たやす》く迂回し、飛び越え、農家の敷地を一瞬の内に轟音で覆いつくす。このような爆音に身体が常に曝されている環境で、この農家の人々が日々感じている心理的、身体的な圧迫感や恐怖は想像に余りある。これらの爆音は彼らが飼育している豚や鶏などの家畜の繁殖にも影響を与えているという。

　この作品は政治的なテーマを扱っているが、農家の日常に寄り添いながらも淡々とその音環境を記録・表現しており、リスナーの感情に意図的に訴えかけたり、特定のアクターを批判したりするような意図は感じられない。だからこそ、リスナーはライナーノーツを読み、これらの録音を聴くことで、苛烈な音環境下でおこなわれている営農の日常を想像し、このような状況が現在も続いている歴史的な背景に関心を持つことができるのだろう。

　また、このプロジェクトの成果は、映像作品『Kiatsu: The Sound of The Sky Being Torn』（二〇一二）としても制作され、その展示上映が成田や沖縄、イギリスなどでおこなわれた。共同制作者のコックスによれば、こうした学際的なコラボレーションによる研究・発表の意義として、「新しい対話のための空間を創りだす」ことにあるという。[10] 実際に成田市内でおこなわれた『Kiatsu』の展示上映には、成田市長、空港反対の活動家、そして録音対象となった農家などさまざまな立場の人々が訪れたそうだ。

このようにフィールド・レコーディングは、録音対象となった場所やモノ・人と、個々のリスナーを感覚的に繋げるだけでなく、作品を介して人々の間に対話を生み出しうる点にも意義があるだろう。

エクストリームな「フィールド」

フィールド・レコーディングは地球上のあらゆる場所でおこなわれてきたが、最後に紹介する三つの作品はもっともエクストリームな「フィールド」を対象にしていると言えるかもしれない。『Sounds From Dangerous Places』(ReR Megacorp 二〇一二)は、サウンド・アーティストのピーター・キューザック(Peter Cusack 一九四八―)が原発事故により人が住めなくなったチェルノブイリや、大量の石油で汚染されたカスピ海油田などの「危険な」場所で録音をおこない、二枚のCDと多数のカラー写真を収めたハードカバーの本にまとめた作品である。キューザックは長いキャリアを持つアーティストであるが、先述したアンガス・カーライルと同じロンドン芸術大学に所属する研究者でもある。最初のトラックでは、チェルノブイリ原発からほど近い廃村となった村に赴く。ガイガーカウンターのビープ音が鳴り響き、上がり続ける放射線量の値をカウントするキューザックの声が緊迫感を高める。また放棄された幼稚園の床にちらばる本やガラス瓶の破片を踏む自身の乾いた足音、現在でも村で暮らしている人々の生活音、野鳥など豊かな生態系の音も収録されている。

立ち入り制限区域となったチェルノブイリの森は、皮肉にも人間がいなくなったおかげで野生動物が繁殖し、動物の楽園となった事実はよく知られている。一方で、原発事故の放射能により放棄され無人となったと言われる村にも、実際には少なくない数の人が現在も暮らしていることはあまり知られていないだろう。そうした村のランドリー・ショップやバーの音を収録したトラックからは、廃炉作業などに従事する原発関係者と彼らの生活を支える人々の暮らしの一端がうかがえる。

キューザックは、あらゆる音は場所や出来事の情報を提供しており、録音を聴くことで視覚的なイメージや言語とは異なる（がそれらを補完する）貴重な洞察が得られるという考えを基に「ソニック・ジャーナリズム」という考えを提唱している。[11]

その一例としてキューザックは自身のウェブサイトで、過去一〇年間でもっとも素晴らしいフィールド・レコーディング作品のひとつに、レバノン人トランペット奏者マゼン・ケルバイ（Mazen Kerbaj）による〈Starry Night〉（『LAM 2 ALBUM』（L'autre musique 二〇一三）に収録）を挙げている。この作品は、イスラエル軍がイスラム教シーア派組織ヒズボラと交戦していた二〇〇六年七月一五、一六日の夜に、ケルバイがベイルートにある自宅のアパートのバルコニーで録音した音を収録している。

ケルバイはこの作品を、彼のトランペットとイスラエル軍の空爆によるミニマルな即興演奏、と説明しているが、キューザックはこの作品について以下のように述べる。「この録音はトランペットによる息が漏れるような音から始まる。その音は静かだがとても親密に感じられる。リスナーは耳を澄ませる。突然、静寂を破る爆発音。その音は一瞬にして街を照らし出し、建物や丘陵に反響して、まるで稲妻が光ったかのようにそのパノラマを顕《あら》わにする。同時に車のアラームが鳴り響き、犬の鳴き声が遠くから近くからその位置を示し、次の爆発を待つ緊張した静けさに包まれる。音に光と同じような照明の力があることを示す稀有な録音である。マゼンは終始、最小限の音量でトランペットを吹き続け、暴力に対して静かに創造的に対峙する[12]」。

優れたフィールド・レコーディングは、その現場の生々しい空気感、緊張感をダイレクトにリスナーに伝える。それはマスメディアやネット上で日々大量に生み出され、流通し、消費されていくような情報とは異なり、意識的、能動的に耳を傾けることで、リスナーの身体に深く作用し、沈殿してとどまっていくような情報を提供しているのだ。

最後に紹介するのは、社会学者の開沼博が福島第一原発の音を録音したフィールド・レコーディング作品『選別と解釈と饒舌さの共生』(Letter To The Future 二〇一二)である。録音を収録したCDと原発構内で撮影されたカラー写真(写真家の大森克己による)が多数掲載されたブックレットが同封されている。ライナーノーツによれば、この意味深長なタイトルは、福島第一原発をめぐる語りに典型的にみられるように、さまざまな背景のもとで選別され、時に過剰なまでの解釈をつけられ「切り取られた現実」を「バイアスのかかっていない現実そのもの」として錯誤し、あたかもすべてを知ったかのように「饒舌」に語ってしまう現代の社会状況を指しているそうだ。例えば、テレビや新聞で見る福島第一原発の写真や映像は、実はどれも極めて似通っているが、それは核セキュリティ上、第三者に公開することが許されない被写体がそこかしこにあるからだという。

そうした状況に対して、開沼はフリードリッヒ・キットラーの『グラモフォン・フィルム・タイプライター』(石光泰夫・石光輝子訳、筑摩書房、一九九九)を参照しながら、もっとも現実を伝えるのは、映像でも文字でもなく、音である、と述べる。いわく、映像はそこにあるものを徹底的に切り取り、拡大したり縮小したりするなかで選別することで成立する。文字は眼の前の曖昧なものを言語化するが、必然的に書き手の解釈が入ってしまう。一方、録音はそこにある現実のノイズも含めてありのままに捉え、遺《のこ》す、と。つまり、福島第一原発の作業場の音を録音したこの作品は、マスメディアによって切り取られ、解釈された情報とは異なる原発の生々しい姿が記録されていると言ってよいだろう。もちろん本書でこれまで触れてきたように、そこに収録された音も客観的、中立的でバイアスのかかっていない音などではなく、さまざまな制約のなかで、作者によって意図的に「選別」され、「解釈」された音であることに留意する必要はあるが。

最初のトラックは、福島第一原発構内に入るバスの車内、次のトラックは、入退域管理棟内でAPD（警報付きポケット線量計）の借用・返却がおこなわれるエリアで録音した音である。そして、構内を走る自動運転バス内の音、三号機オペレーティングフロアにいたる仮設エレベーター内部の音に続く。次のトラックは三号機使用済み燃料プール付近の音である。そして五／六号機サービス建屋休憩所の音へと続く。ここで驚いたのが、休憩所という場所にはそぐわないノイジーな音がかなりの音量で常に聞こえることである。ライナーノーツによれば、放射性物質が部屋のなかに入らないように部屋の窓を閉め切っているため、大型の空気清浄機が複数設置されていて、その駆動音のノイズだという。さらに原発内港湾での海水サンプルを汲む船上の音、採取された海水サンプルが分析施設に持ち込まれる音、新事務本館の一階ロビー部分、食堂の音、危険を予知するトレーニングの音へと続く。そしてまた入退域管理棟に戻り、検査ゲートと退出ゲートの音が収録されている。実際にそこで鳴っている音なのか機材の問題なのかはわからないが、先ほどのトラックの時には聞こえなかったキーンという耳障りな高周波が常に聞こえる。そして、屋外に出て廃棄物貯蔵施設・減容施設予定地の音、貯蔵タンクの運搬車両が通過し、二〇時を知らせるチャイムとアナウンス放送で終わる。最後のトラックが音楽家のHair Stylisticsによる上記の録音（?）を加工したノイジーでリズミカルなリミックスである。

ブックレットの写真を見る限り、録音機材はハンディレコーダーおよびスタンド型の安価なバイノーラルマイクを使用しているようだ。音質について言えば、全体的にやや不明瞭で、音が途切れている箇所もいくつかあり、屋外の録音はかなり風に吹かれている。ただし、ハイスペックな録音機材を使用して高解像度にその場所の音を記録することは、この作品の意図とはおそらく異なるだろう。あくまで作業者の目線でその行程をたどるように彼らの日常の音を記録しようとしたことがこれらの録音からは伝わってくる。三〇秒から一分程度の短いトラックも多く、テキストによる解説がかなり詳細に書かれているだけに、もう少しじっくりと音を聴きたいと思うトラックもあった。しかし、短く繋げられた場面の連続が、ひとつの作品としてそうした日常をすくいとっているようにも感じられる。

作品に収録された音の内容は、帯文にある古川日出男の「ただの職場じゃないか。これは」という言葉通り、どこかのありふれた工場内で録音した音とおそらくあまり違いがないように思われる。この作品からは福島第一原発の音というときに我々が想像する緊張感や特殊性はあまり感じられず、むしろリラックスした雰囲気も伝わってくる。例えば〈検査〉というトラックで、入帯域管理棟検査ゲートを通過するときに作業員の汚染を検知する警告音が鳴ったとき、緊張感よりも作業員たちの「引っかかっちゃったよ」というような苦笑いの声が印象に残る。もちろん原発の作業員にとってはありふれた日常であり、職場であるのだから、緊張感が常に漂っているはずもない。またそうした緊張感のある作業がおこなわれている区画があるとしても、関係者以外は入ることができないだろうということも想像できる。

このような震災および原発問題をテーマにしたアート作品は数多くあるが、この作品に関しては、視覚的なイメージばかりが流通することである種の「エキゾチックな」イメージが固定されてきた福島第一原発を聴覚的な側面から相対化するようなものとして価値があるだろう。

以上、学術的なプロジェクトやフィールドワークに基づくフィールド・レコーディング作品を紹介した。これらの作品からうかがえるのは、その場の「客観的なドキュメント」のようなものとして捉えられがちなこうした録音作品にも、調査者であり録音者である作者の視点が作品にはさまざまな形で反映されているということである。フィールド・レコーディング作品はある特定の時間、場所における音、記録であるだけでなく、その時、その場に存在した録音者自身の身体性の記録でもあり、さらには録音者と録音対象（調査者と調査対象）との関係性やプロセスそのものが作品のなかに織り込まれているのだ。

［注］

1 そもそも学者（研究者）／アーティストという区分けがどこまで意味をもつのかは疑わしいところがある。私自身もそうだが、研究者が自身の研究活動の一環として「アート作品」を制作、公表することは現代では特段珍しいことではないし、逆にアーティストが自分の（他者の）作品について学術的な論文を書くこともある。実際に本書で取り上げるアーティストは、大学などの研究機関に所属する研究者であることも多い。

2 これをフェルドは、対話的な編集（dialogic editing）と呼んでいる。Steven Feld & Donald Lawrence Brenneis「Doing Anthropology in Sound」（二〇〇四、四六七頁）より。

3 スティーブン・フェルド『鳥になった少年』（平凡社、一九八八）を参照した。

4 レコーダーはNagra IV-S、マイクプリはAerco MP2、マイクはAKG 460B＋CK1（単一指向性カプセル）を二本用いたXY方式のステレオ録音がメインで、鳥の声の録音にはパラボラマイク（Sony PBR330）を併用している（Steven Feld「From Schizophonia to Schismogenesis」（一九九五）より）。

5 Steven Feld「From Schizophonia to Schismogenesis」（一九九五）を参照した。

6 スティーブン・フェルド「音響認識論と音世界の人類学」（二〇〇〇）を参照した。

7 このプロジェクトは、岩田が「南大東島のサウンドスケープ（海鳴りの聴取、音の展示制作）」をテーマに修士論文を書いていたため、役所を含めた島民との関係性がすでに築かれていたことが背景にあった。

8 現場で音を聴きながらそのイメージを描いたもの。

9 Barbara Sternは「Historical and Personal Nostalgia in Advertising Text」（一九九二）のなかで広告の観点からノスタルジアを「個人的ノスタルジア（personal nostalgia）」と「歴史的ノスタルジア（historical nostalgia）」の二つに分類した。前者は個人の美化された記憶から生じる懐古的な感情や感傷、後者は自分が生まれる以前の古き良き時代の歴史的な物語や人物への感情移入のことを指す。

10 ルーパート・コックス「ルーパート・コックスによる講演」（二〇一五）からの引用。

11 Peter Cusack「Field Recording as Sonic Journalism」（二〇一三、二五－二六頁）を参照した。

12 以下のウェブサイトを参照した。「Field recording as sonic journalism」https://sounds-from-dangerous-places.org/sonic-journalism/

column5

フィールド・レコーディング初心者のためのヒント

本書はフィールド・レコーディングのノウハウやメソッドを紹介することを主な目的とした本ではない。極論を言えば、フィールド・レコーディングに正しい方法も間違った方法もないと考えている。仕事で求められる場合は別として、特定の音を綺麗に、高音質に録音することだけが、フィールド・レコーディングの価値を決めるわけではないからだ。楽器の音であれ、声であれ、物音であれ、特定の音をできるだけノイズの少ない環境で忠実に収録したいのであればスタジオで録音すれば良いだろう。フィールドで録音するということは、無秩序で混沌としたノイズのなかに身を置き、そこで生じている多様な振動のふるまいを観察し、記録することである。その方法に正しいやり方も間違ったやり方もないと思うのである。とはいえ、「入門」というからにはフィールド・レコーディングをこれから始めようとする初心者に向けた助言があっても良いだろう。本文で述べてきたことと重なる部分もあるが、以下に挙げたポイントを参考にして（あるいは意図的に無視して）、自分なりの録音のやり方を見つけていってほしい。

1 音源との距離

音源との距離を意識して、マイクを設置してみよう。例えば、森のなかで鳥がいい感じにさえずっていて、その声を録音したいとしよう。当然ながら音源（鳥）に近づくほどその音は大きくなる。すると周囲の環境音と鳥の声のバランスは後者がより強くなり、前景化される。ただし音源との距離は必ずしも近ければ良いというものではない。遠くから聞こえてくる音は、輪郭がぼやけ、風景のなかに溶け込んでいて、そうした音が興味深く聞こえることもある。近くの音が良く響くポイント、遠くの音がよく聞こえるポイントを探してみよう。

2 風と付き合う

野外での録音に風は付き物である。したがって、風の強さとマイクの形状に合った適切な風防を付ける必要がある。また録音の時間帯をずらしてみたり、（風を受け流すように）風向きとマイクの方向を平行にしてみたり、風の通り道を避けて地形などの関係から風があまり通らない場所を探してみよう。あるいは風によりモノが振動する音をコンタクトマイクで拾ったり、パイプのなかなど風が入りにくい閉じられた空間にマイクをいれてその内部の振動を観察したりするのも面白いだろう。また風が強い日は無理に録音せずに風が立てる音をじっくり聴いてみよう。

3　録音モニター

録音中はヘッドフォンでモニターしながらマイクが拾う音をよく聴く。マイクの種類やその設置方法、音源との距離、録音レベルを変えるとどのように音が変わるのか、音がどのように空間のなかで展開していくのかをじっくり観察する。また自分の呼吸音、身じろぎ、足を組み替える音、枯れ葉を踏む音、腹が鳴る音など無意識の内に発している音を意識する。最初は三分、慣れたら五分、一〇分と身じろぎせず、全神経を集中させてマイクが拾う音を聴いてみよう。そうすることで身体のなかに音が浸透し、身体が環境のなかに溶け込んでいくような感覚を体験できるだろう。一方、歩きながら録音したり、呼吸音や声を入れたり、モノを鳴らしたり、自分が発する音をあえて入れてみるのも面白いかもしれない。

4　同じ場所で録る

自分にとってお気に入りの録音スポットを見つけてみよう。いわゆる観光スポットや、風光明媚な場所ではなく、あまり人が行かないような場所の方が面白い響きが見つかるかもしれない。人が多い場所ではどうしても周囲の会話音や車の音が気になってしまう。ここは面白そうだという場所と出会うことができたら、異なる時間帯、季節に再び録音してみる。同じマイクで録音しても、記録される音はまったく異なるはずだ。同じ場所で録音を繰り返すうちに、その場所の特徴のようなものが見えてくるかもしれない。

5　録音設定

録音レベルの設定はオートではなく、必ずマニュアル録音を選択する。録音レベルはマイナス12デシベルにレベルメーターが時々達する位を目安にする。リミッターはオンにしても良いが頼りすぎない。ＭＰ３などの圧縮形式ではなく、非圧縮のＷＡＶファイルで、常にレコーダーの設定できる最高のビットレート、サンプリング周波数に設定する。最近はレコーダー用のＳＤカードも保存用のＨＤＤやＳＳＤも大容量のものが安価で購入できるので、ファイルサイズを気にする必要はないだろう。また録音場所やセットした機材の写真を撮ることも忘れずに。

6　知識を得る

動植物、建造物、地形、天候などあらゆる生物、非生物が相互的にその場の響きを生み出している。またその場所の歴史などの文脈が録音内容には反映される。そうした音源や場所に関する知識や情報を得ることで、録音のアプローチ方法が見えてきたり、作品化の時に役に立ったりすることがある。インターネットや書籍を参照するだけでなく、その音源や場所に関わる文学、映画、絵画などさまざまなジャンルの作品に触れることで、イメージが深まったり、録音のアイデアが得られたりすることもある。また可能であればその土地に住んでいる人やその分野の専門家にも話を聞いてみよう。

7　一人で行く

録音は基本的に一人で行く。録音は環境と自分との対話でもあるからだ。誰かと一緒に行くと、会話に気を取られて音を聴くというモードになりにくい。また同行者が立てるノイズが気になってしまうだろうし、長時間録音するのも気を遣う。もちろんフィールド・レコーディングに興味のある友人がいれば一緒に行くのも良いだろう。その場合、現地では別々に行動するのが良い。それぞれの視点から音を探索することに意味があると思うからだ。また知らない土地では地元の人に案内してもらえると興味深いスポットに出会える可能性が広がるだろう。

8 空間の響きに着目する

空間の響きに着目してみる。手を叩いたり、足音を鳴らしたりして、残響の長さや反響が面白いポイントを探してみよう。さまざまな音がどのように空間のなかで響き合っているのかを観察する。その場所の特徴的な響きを見つけるためにはどのような音や振動に着目すると良いだろうか。そうした響きを捉えるためにはどのポイントにどのようなマイクをどのように設置すると良いだろうか。試行錯誤を重ねてみよう。

9 羞恥心を捨てる

最初のうちは人が通る場所でレコーダーを回すのは周囲の目が気になるかもしれない。しかし、録音を繰り返すうちに他人の視線は気にならなくなっていく。おそらく写真撮影をする場合でも同じだろう。ただし、録音中は車や歩行者の邪魔にならないよう十分気をつけよう。とくにモニター音は普段耳で聞いている音とは異なり、遠くの音が実際よりかなり近くに聞こえたりすることがあるからだ。また当然ながら、他人のプライバシーを侵害したり、営業の邪魔になったりする可能性のある場所での録音は控えよう。

第6章

録音の編集と作品化

本章では、録音した音をどのように編集して、作品化するのかについて説明する。またCDやレコードといったモノとしての作品以外のフィールド・レコーディングの共有方法についても紹介する。

ここまで書いてきたように、私は録音した音を素材にポスト・プロダクションで楽曲を制作するというやり方で作品を制作していない。したがって、私にとって編集という作業はさまざまな音をモンタージュしたり、重ねたり、加工したりして作品を作ることではなく、録音した音のなかから使う部分を決めて、カットし、必要に応じて音量調整などのトリートメントを施すというくらいの作業でしかない。その理由のひとつは、録音というものは本質的に主観的、関係的なものであり、中立的、客観的な録音などありえないということを前提とした上で、記録された音には場所の持つさまざまな文脈が響きとして内包されており、その響きを私の作家としての美的な関心から改変することに躊躇《ためら》いがあるからである。もちろんこれまでに紹介した他の作家による作品のように、場所の文脈と録音との結びつきを維持するような加工の仕方はありうるし、第2章で紹介したフランシスコ・ロペスのように、あえて場所の文脈と記録された音の結びつきを断絶するアプローチもありうる。そしてそのアプローチの方法は、同じ作家でも作品によって異なりうる。自分の場合は、厳密なものではないにせよ、ある一定の基準のようなものに基づいて編集をおこなってきた。

録音した音の編集作業は、基本的には音を改変しないものであっても、編集プロセスにおけるさまざまな「選択」を通して、制作者である「私」の視点を作品に反映させていく重要な工程として位置づけている。それは具体的に言えば、雑多で茫洋《ぼうよう》とした個々の録音から必要な箇所を切り出し、輪郭を与えるとともに、各トラックのなかにそしてトラックとトラックの間に「流れ」を作っていく作業のことである。ここで言う流れを作るとは、例えば、リスナーが音に没入できるように、美的・質的な観点から時間を区切ったり、順序を入れ替えたりする作業のことである。

また音の編集の話だけでなく、録音の文脈をどのような形で作品のなかで表現するかという点も、フィールド・レコーディング作品を制作する上で重要な点である。ライナーノーツを書いたり、トラックタイトル、作品名を決めたり、盤面やパッケージのデザインをおこなうといった「作品化」の作業は、録音・編集作業を通して脱文脈化された音を、再び文脈へつなげる作業であるとも言える。「編集」が記録した音の質を見極め、そこに輪郭を与え、流れを作っていく作業であるとすれば、「作品化」は、録音を再文脈化し、特定のメディアにパッケージングし、流通させる作業である。これらのことも具体的な作品を挙げて説明したい。

制作プロセス

初めにフィールド・レコーディング作品の制作プロセスについて大まかな流れを説明する。最終的な作品の形態は色々な形式が考えられるが、ここではひとつのアルバム（CD、レコード、デジタル作品）を例として考える。

フィールド・レコーディング作品には、①過去に録音した音源のなかから特定のテーマに基づき選択・編集して作品化したものと、②特定のプロジェクト、テーマの下で作品制作を意図してフィールド・レコーディングをおこなったもの、の二通りがあると考えられる。ただし、前者の場合でもすでにある音源だけではリリースするのに十分ではない場合、追加で録音することもあるし、後者の場合でも、過去の音源と合わせてリリースすることがあるため両者の厳密な区分はできない。

基本的な制作プロセスは、テーマ設定、録音、編集、作品化という流れになる。①の場合、作品のテーマは、録音した音源のなかから見えてくることもある。例えば、『Scenery of Water』の場合、第2章で述べたように、それまでに録音してきた音に何らかの形で水の音が入っているものが多かったので、「水の音（に反映される風景）」をテーマとして作品にまとめた。②の場合、作品のテーマ、録音場所、方法の少なくともどれかは決まっていることが多い。例えば、『Path of the Wind』は、エオリアン・ハープを用いて録音をおこなうという「方法」が前提にあり、『うみなりとなり』では、「作品のテーマ（島民の聴点）」と「録音場所（南大東島）」が先に決まっていた。もちろん録音をおこなうプロセスのなかでテーマや方法が見えてくることや、録音を重ねるなかで最初に考えたテーマや方法が変わることもある。

次に録音の編集方法について説明する。私は録音した音をポスト・プロダクションでなるべく加工せずに作品に使用する。したがって、録音を終えた段階で作品のコアな部分はすでにできていると言ってもよい。録音中は多くの場合同時にモニターをしているので、その録音が作品に使えるかどうかの判断はレコーダーの録音停止ボタンを押した段階でおおよそできているのである。編集作業でおこなうのは、録音した音を繰り返し聴いて、そのなかからトラックに使う音を選び、波形編集ソフトを用いて長さや音量などを調整し、トラックの順番とトラック名を決めるという作業である。

作品化の作業には、出版形態の決定、盤面やパッケージのデザイン、ライナーノーツの作成、部数・価格の決定といった実務的な作業が含まれる。既存のレコードレーベル（レコード会社）から出版する場合、作品のリリース形態・部数・価格などの決定、デザイン、盤面印刷、ＣＤのプレス、アセンブル、営業、ディストリビューション、販売、在庫管理などの作業はレーベル側でおこなうことが多い。また作者が一部の作業をおこなう場合もレーベルと相談しながら決めていくことが多いだろう。一方、自主制作の場合、当然ながらこれらの作業は基本的にすべて自分たちでおこなう必要がある。

編集作業（音の確認と整理）

それでは編集作業について詳しくみていこう。まず録音した音をパソコンに取り込み、ファイルの整理をおこなう。録音ファイルの整理は、録音した当日中か次の日にはおこなうことを薦める。経験上、時間が経つほど、録音ファイルの数は膨大になり作業が大変になるし、録音場所や録音内容などの記憶が曖昧になってくるからだ。また録音現場で気づいたことや反省点などを書き留めておくことも大切である。とくに初めて訪れた場所で録音した時はその場で気づいたことを言語化しておくと、次に同じ場所で録音するときや作品化の際に役立つこともある。

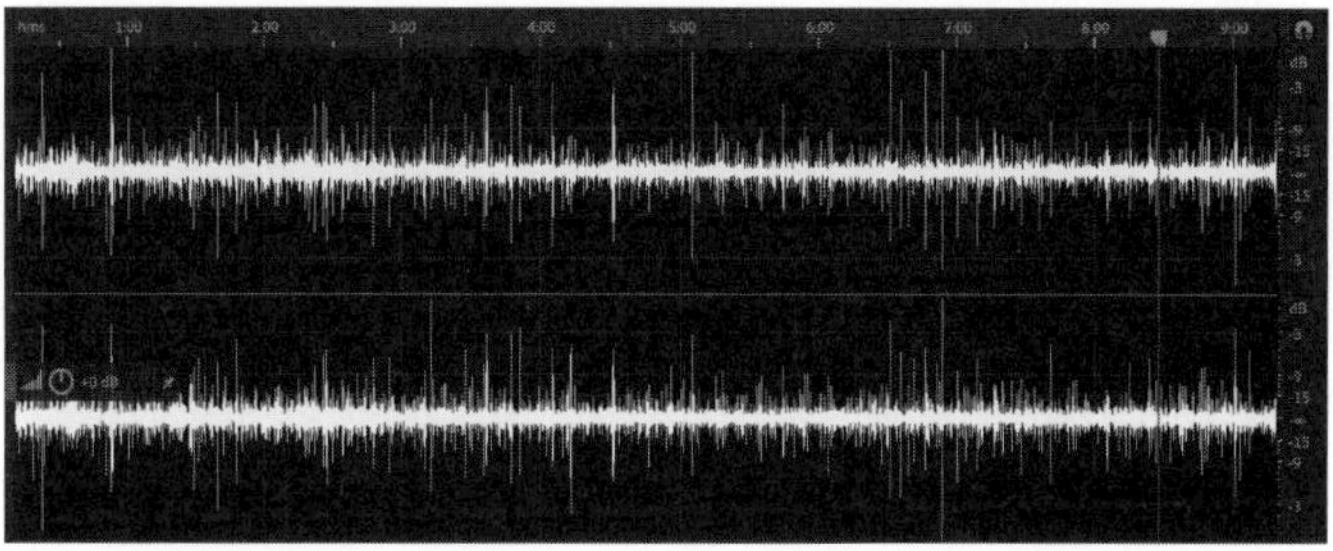

図6-1：音声波形の例

なおレコーダーに記録された録音ファイルのなかには、失敗テイクも多く含まれている。失敗テイクとは、例えば、録音を開始したが何らかの理由（不要な音が入った、興味深い音ではなかったなど）で録音をストップさせた短いファイル（数秒〜数十秒とか）のことであり、そうしたファイルは煩雑になるのでこの段階で削除しておく。失敗テイクは、レコーダーの操作で消去してもよいが、誤操作で必要なファイルを消してしまう恐れがあるため、私はパソコンに取り込んで一応内容を確認してから削除することが多い。

次に取り込んだファイルを波形編集ソフトで聴いていく。[1]波形を見ながら音を聴くと時間軸を伸縮させながらトラック全体を俯瞰的に把握することができるからだ（**図6-1**）。

ここでは、音をじっくり聴いて主に質的な面からリリースの水準に達しているかを判断する。先述したように、録音時にモニターをしている場合、録音現場でその音が使えるかどうかの判断はある程度できていることが多い。ただし、現場でモニターする音とパソコンに取り込んで聴く音にはかなりの落差があり、また夜にレコーダーをセットして翌朝回収する場合など、パソコンに取り込んで聴いてみて初めて内容がわかる場合もある。後者の場合、長時間の録音が多数のファイルに分かれて記録されている。波形編集ソフトで音の波形を見れば、そうした長時間の録音でも大まかな音の展開（変化）がつかめるため、聴くべき箇所がわかり、作業の短縮につながる。例えば、夜から朝にかけて森のサウンドスケープを録音した場合、夜間はほとんど音の変化がなく単調だった波形が、夜明けのコーラスが始まる四時過ぎ辺りからだんだん大きく変化していくなど、時間経過による大まかな流れが把握できる。

また、音量レベルがピーク（0デシベル）に達して歪《ひず》んでいる箇所がないか、予期しないノイズが混入していないかなどもこの時に細かく確認する。内容が把握できたら、トラックに使えそうなファイルは名前をつけて保存する。この段階ではまだ長さや音量の調整などの細かい処理はおこなわないため、ファイル名は作品のトラックを意識したものではなく、半角英数字で録音内容と場所（と録音機材や方法）を端的に表す名前を付けることが多い。実際に作品のトラックに使用するかどうかはこの時点では判断せず、使えそうな候補をとりあえず保存しておくからだ。

パソコンで音を編集する際、音の再生にはヘッドフォンや外部のスピーカーを用いるが、Windowsパソコンのイヤフォンアウトは音質が悪いことが多いので、直接パソコンに接続するのではなく、オーディオ・インターフェイスを用いることを薦める。私はＵＳＢ接続の小型オーディオ・インターフェイス（Apogee Groove）を介してヘッドフォン（Sennheiser HD25など）をノートPCに接続して編集をおこなうことが多い。なお録音ファイルのサイズは24 bit／192 kHzのWAV形式で録音すると、一時間で四ギガバイト近くにもなる。私は録音だけでなく映像や写真の撮影をおこなうことも多いため、プロジェクトごとにフォルダーを作ってメディア毎（「録音」「写真」「映像」など）に分類し、小型のポータブルSSDに保存している。これらの機材は出先でも作業ができるようにフィールドワークの際には常に持ち歩いている。

また録音の際に設置したマイクやレコーダーをスマホで写真に撮っておくと、どのような機材をどのように設置して録音したのか、音源（記録できる場合）との距離や周囲の状況なども含めて記録に残せる。最近のスマホは写真と一緒に位置情報も自動的に記録されるので、後で正確な録音ポイントを地図上に表示できるというメリットもある。また必要に応じて、風速（ハンディタイプのデジタル風速計を使用）や騒音レベル（ハンディタイプのデジタル騒音計を使用）を記録しておくこともある。さらに、スマホの写真には録音日時が正確に記録されるし（レコーダーは、バッテリーを取り外すと録音日時設定が工場出荷時に戻る機種もある）、写真を見ると録音内容やその場の状況を思い出すヒントになることもあるので、録音場所やセットした機材の写真を撮っておくことにはさまざまなメリットがある。また録音を開始した直後（あるいは録音終了直前）に録音場所、マイクの種類、設置方法などを声で吹き込むことも有用である。とくにスマホが使いづらい場所（例えば、鍾乳洞など暗く狭い空間）では声で情報を入れることも多い。また録音場所で気づいたことは野帳やスマホに随時メモして記録することも大切である。

なおこれらの情報は録音のメタデータとしファイルごとにまとめておくことで、作品化の際などさまざまな形で活用できる可能性がある。参考までに、録音ファイルのメタデータの記載例を**表6―1**に示す。このようにシート形式で録音現場の写真、音源とともに整理して、保存しておくと良いだろう。

編集作業（音の調整）

次にトラック候補のファイルがある程度揃ったら、各ファイルのどの部分をどれ位の長さ使うのかを決めて切りだし、音量などの調整作業をおこなう。作品によって

表6-1: 録音データシートの例

録音ファイル名	Under_the_bridge
録音日時	2021年12月3日13時45分～13時55分
録音場所	鴨川の四条大橋の下付近
録音機材と設定	DPA4060×2、Tascam DR-100mk3、24bit/192kHz、ゲイン60
マイクのセッティング	ABステレオ録音、間隔15cm、地面からの高さ50cm、西向き、風防：有、天候：曇り、北西の風2～3m、気温12℃
気づいた点	前日に雨が降ったために鴨川の水量が多く、流れが速い。サギ、カモが川面に、トンビが上空を旋回している。自転車や歩行者が時々通過する。橋上の車の交通量はそれほど多くない。

は三〇分を超えるような長尺のトラックもありうるが、一般的には一トラック三分〜一〇分程度の長さが多いだろう。もちろんトラックの長さは録音対象や狙いによっても異なる。

録音の際は、ピークに達しないよう(クリップしないよう)、レベルメーターがマイナス12デシベルの位置に時々達する位に録音レベルを設定することがひとつの目安となる。録音した音が小さいと感じる場合、編集で全体の音を増幅させて大きくすることがある。プラス1〜20デシベルの範囲のことが多いが、非常に微細な音を大きくして聞こえるようにするときは大幅に増幅させることもある。例えば、『うみなりとなり』の〈みずのなかに〉というトラックでは、島の鍾乳洞内にある地底湖、そして神宮池、瓢箪池の水中音をハイドロフォンを用いて収録している。これらの録音には、流水音やマイクケーブルが動いて発するノイズ以外に具体的な音がほとんど聞こえなかった。そこで波形編集ソフトで全体の振幅をかなり上げることで、ノイズに埋もれた微細な音を聞こえるようにした。ただし、音量を増幅すればそれだけ録音に含まれている機材固有のヒスノイズや暗騒音(背景雑音)も大きくなるので注意が必要である。

ここで注意してほしいのは、音量を増減させるときは基本的にファイル全体の音量を同じだけ増減させる必要があるということだ。もし部分的に増減すればそれは現実にはありえない音の変化を作りだすことになり、違和感を覚えるからである。ただし、瞬間的にレベルがピークに達している箇所がある場合、その瞬間の音量のみを一時的に下げる処理をすることはある。その場合、一瞬であっても部分的に音量が下がるため、何度も聴きなおして違和感がないよう慎重に処理をおこなう必要がある。

また作品のテーマやトラックの内容によって、特定の音を目立たせたり、逆に目立たなくさせたりといった処理を編集作業でおこなうことがある。その場合、波形編集ソフトによっては、ソノグラム（スペクトログラム）を表示して、視覚的に編集をおこなえる。ソノグラムは、縦軸が周波数、横軸が時間、色の明るさが振幅（音の大きさ）という三次元のグラフで音を視覚的に表示したものである。ソノグラムは野鳥をはじめとする生物の声紋も表示できるため、音に加えて視覚的な情報からその種類が特定できることもある。例えば、**図6―2**は夜明けの森の音のソノグラムである。さまざまな野鳥や虫の音が重なり合い、図形楽譜のように複雑な模様を描いているのがわかる（例えば、右下の規則的な縦線はキツツキが木をつつく音である）。またソノグラムの一部分をドラッグして再生すれば、特定の周波数帯域の音のみを聴くこともできる。

次にソノグラムを用いた編集を具体的に説明する。先述した神宮池の録音には、「ジー、ジー、ジー」というような水棲昆虫が発すると思われる音が入っていたが音量が小さかったために、ソノグラムを表示しその音の部分のみを選択して振幅を上げた。処理前と処理後で色の明るさが変化しているのがわかるだろうか（**図6―3**）。また特定の周波数帯域のノイズを除去するときにもソノグラム上でおこなうと違和感なく除去できることがある。[2] 一方、例えば『Wetland』（immeasurable

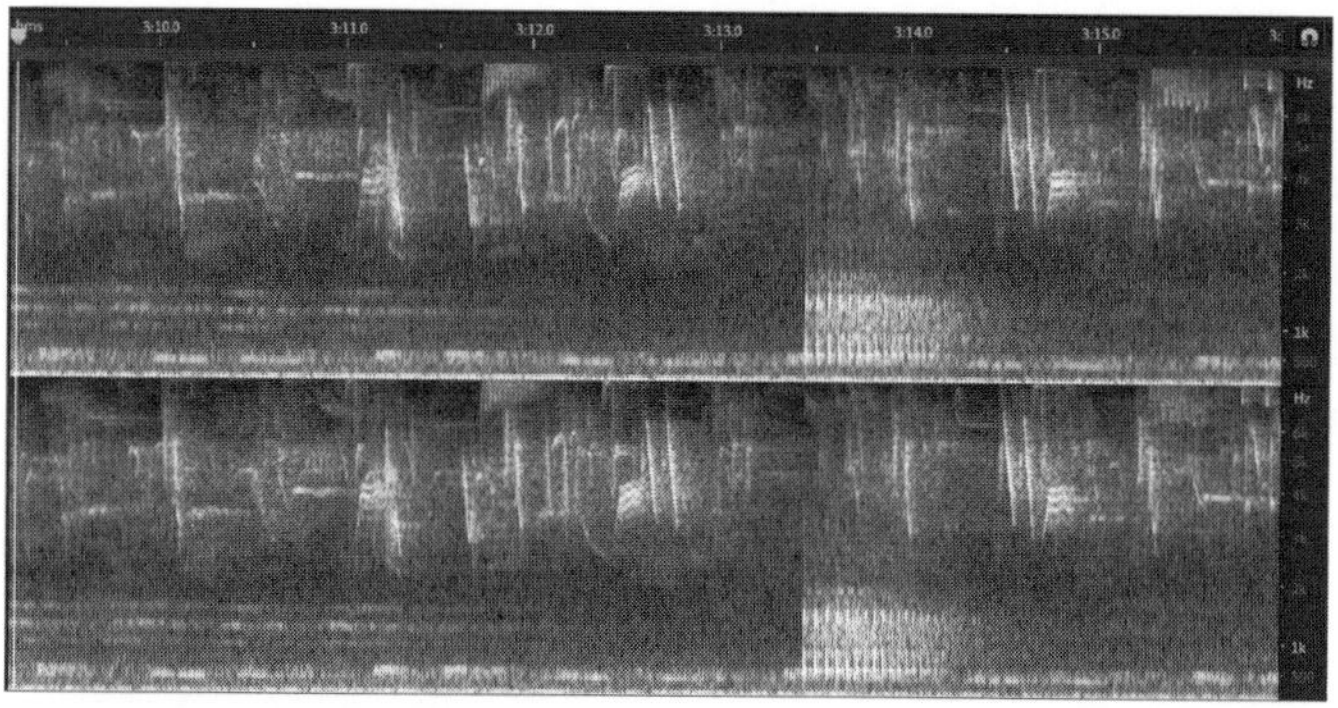

図6-2：夜明けの森の音のソノグラム

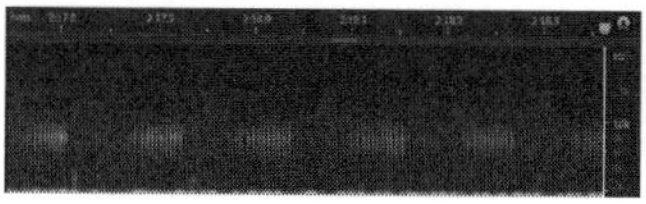

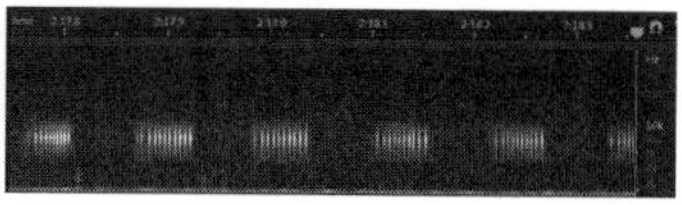

図6-3：振幅処理前(左)と処理後(右)

二〇二〇）でそうしたように、遠くから聞こえる車や飛行機などの交通音が気になる場合は、その帯域の音量を低減させることもある。この場合は、例えば、パラメトリック・イコライザーなどを使って、ファイル全体の特定の周波数帯域の音量を減少させることが多い。

このように、特定の周波数帯域の音量を増減する処理は、美的な理由からであったり、リスナーに特定の音（とくに微細な音）により注意を向けて聴いてもらいたかったりと意図はさまざまであるが、制作者の視点を反映させる重要なプロセスである。

楽器演奏の録音の場合、音の迫力を出すためにコンプレッサーを用いることもある。コンプレッサーとは音のピークを潰してダイナミックレンジ（音の強弱の幅）を圧縮し、全体の音を増幅することで音圧を上げるエフェクトのことである。『うみなりとなり』の〈大東太鼓〉では、南大東島に伝わる大東太鼓の演奏を収録した（**写真6-1**）。収録したトラックは、島の東海岸にある海軍棒プール（岩場をくり抜いて作られた天然のプール）近くで演奏してもらったのだが、屋外で波の音や風が強く、音が拡散するためか、録音からは腹に響くような太鼓の迫力があまり感じられなかった。そこで太鼓の迫力を少しでも出すためにコンプレッサーを用いて音圧を上げたのである。

以上のような処理をおこなうことはあるものの、私は基本的に異なる時間軸、場所の音を編集で重ねたり繋げたりする処理は、リスナーが音を聴いたら明らかにわかる、あるいはライナーノーツなどでそのように編集していると説明している場合を除いて、これまでおこなわなかった。またリヴァーヴなどの音の響き（残響時間など）を変えるようなエフェクトは使用しなかった。なぜならフィールド・レコーディングは、それが私の主観を通した記録であったとしても、特定の時間における場所や空間の響きを記録するドキュメントであると考えており、後から響きを加工してしまうとこうした記録性が薄れてしまうと考えるからだ。

ある録音のどの部分をトラックに使うかという判断は、何らかのノイズが入ってしまった箇所までという実際的な理由から決定することも多い。例えば、機械的なノイズ、自分のお腹が鳴る

写真6-1：大東太鼓の録音風景

音、近くを通り過ぎる人の会話音、車や飛行機の音、風の吹かれ音など録音現場では予期しない色々な音が入る。もちろんそうした「ノイズ」も程度や狙いによっては、作品にそのまま入れても問題ないと判断することもある。しかし、美的な観点から入れない方がいいと感じる場合、あるいはリスナーが音源に没入して聴くことの妨げになると感じるときは、そのノイズが入った箇所までをトラックに使うことも多い。例えば、全体が一〇分の録音ファイルのなかで消去が難しいノイズが五分四〇秒のところに入っていたとすると、その録音ファイルで使えるのは最大で五分四〇秒ということになる。

音量やノイズの処理などを終えたら、トラックの最初と最後にフェードイン、フェードアウトを入れる。これは作品、トラックによって入れないこともある。とくにフェードインは入れないことも多い。またフェードアウトの長さもトラックによって変わるが、私はおよそ三秒から一〇秒位のことが多い。またフェードアウトを二回かけるとフェードの傾きがよりなだらかになって自然に感じることもある（例えば、トラックの最後三秒にフェードアウトを入れて、再び最後の十秒にフェードアウトを入れるなど）。

編集を終えたら書き出し作業をおこなう。私は「24 bit／192 kHz」の設定で録音することが多いので、CDにする場合、マスターファイルは「16 bit／44.1 kHz」に変換して書き出す必要がある。もちろん元ファイルおよび切り出したファイルは消さずにすべて残しておく。後で編集をやり直す可能性もあるからだ。また保存するたびにどのような加工をしたのか（音の増幅、イコライザー（EQ）など）も記録しておく。ファイル名が頻雑になるが、加工内容を含めて名前をつけておくと忘れずにすむ。例えば、「Under_the_bridge（eq, +6dB, 16）」というファイル名は、元の録音ファイルに、音量を6デシベル増幅し、イコライジングの処理をして、ビットレートを16ビットに変換したという意味である。

作品に入れるトラックの編集が終わったら、各トラックのタイトルを決める。私は録音対象や内容、録音場所の名称などをシンプルにトラック名としてつけることが多い。また作品のタイトルはライナーノーツなどを書いてから最終的に考えることもあるし、録音、編集プロセスのなかでタイトルが決まってくることもある。いずれにしても録音内容やコンセプトに合うものを考える。作品のタイトルを決める際は、既存の作品（とくにフィールド・レコーディング）のタイトルと被っていないかを一応確認することが多い。シンプルなタイトルをつけると、結構被ってしまうことがあるからだ。

編集作業が終わったら、自主制作の場合は書き出した音源をマスター（CD-Rなど）に焼いて、プレス業者に郵送する。最終的に出版される作品の音質にも影響を与えるため、マスターに使用するメディアはできるだけ品質の良いものを選ぶ必要がある。ただし、最近ではDDPというファイル形式でマスターを納品することが多くなっているようだ。この場合オンラインで納品できるのと、メディアによる音質差が生じないというメリットがある。なお個々のトラックの編集作業を終えた後に、トラック全体の音量や音圧、質感などのばらつきを調整するマスタリングという作業をおこなうことがある。マスタリングは録音者が自分でおこなうのではなく、外部のマスタリング・エンジニアに依頼する場合もある。なお自主制作ではなく、既存のレーベルから出版する場合、レーベル側でマスタリングをおこなうことも多い。

プライバシー、著作権の問題

フィールド・レコーディングは、録音者の意図にかかわらず、その時、その場で偶発的に生じる音がその記録内容には必然的に含まれる。そのなかで作品化に際して問題となりうるのが、会話の声とBGMである。前者について言えば、例えば、カフェなどで隣の席の会話の声を意図的に録音することは盗聴であり、法律上は犯罪にはならないとはいえ、倫理的に問題があるだろう。では、たまたま録音に入り込んだ通行人の会話の声はどうだろうか。会話の音声に個人情報が含まれていて、それが公開されることで個人のプライバシーが侵害されるということは、写真や映像ほどはないにせよ、起こりうる。また人の声にも著作権や肖像権が認められる場合がある。[3] このように偶発的に入ってしまった会話音の取り扱いは、法律上問題になるかどうかだけでなく、倫理的な面からも十分に配慮して編集をおこなう必要がある。

また店舗や公共空間などで流れるBGM、電車の発車メロディなどは著作物であるため、それらの音を含んだ録音を用いて作品を制作し、著作権者の許諾を得ずに公開することは著作権を侵害する行為と言える。ただし、著作権法は二〇一三年に法改正がおこなわれ、「付随対象著作物」と言って、例えば、街角の風景をビデオ収録したところ、本来意図した収録対象だけでなく、ポスター、絵画や街中で流れていた音楽がたまたま録り込まれる場合などは、複製又は翻案された付随対象著作物は、当該著作物の利用に伴って利用することが侵害行為に当たらないとされることになった。[4]

つまり、街中などでフィールド・レコーディングをしていたときに、たまたま背景に流れていた音楽やBGM、効果音などが録音に入り込んだ場合、①その音楽の利用が当該著作物の構成部分として「軽微」であり、②録音の対象として意図していた音から分離することが困難であり、③著作権者の利益を不当に害することがない場合、その音楽は「付随対象著作物」として著作権者の許諾を得ることなく、利用（複製、上映、演奏、公衆送信、譲渡など）することができるということだ。ただし、この「軽微」な構成部分というのはどのような基準で判断すればいいのか、また意図していた音から「分離することが困難」というのも何をもって「困難」と判断していいのか[5]、その場の全体の音を対象にしていて、特定の音を狙って録音していない場合はどうなるのかなど不明な点も多い。最終的には個別の具体的な事案に応じて司法の場で判断されることになるようだ。いずれにしてもフィールド・レコーディングをおこなう過程で、また何らかの形で録音した音源を公開するにあたり、著作権（および実演家の権利としての著作隣接権）や肖像権、プライバシーの権利には十分配慮しなければならない。

それでは、フィールド・レコーディング自体は著作物として認められるのだろうか。現行の著作権法では、残念ながら環境音を録音した音はそれだけでは著作物として認められないようだ。[6]もちろん録音した環境音に編集、加工を加え、タイトルをつけてリリースした作品は著作物である し、また作品化していない音源でもその環境音を初めて録音した収録者としての権利（「レコード製作者」の権利）である著作隣接権は認められる。日本の著作権法（第二条第一項第一号）によれば、著作物とは「思想又は感情を創作的に表現したものであって、文芸、学術、美術又は音楽の範囲に属するもの」とある。つまり、フィールド・レコーディングは、これまで本書で述べてきた「録音者の思想や視点を反映した表現である」という主張が、（少なくともそれが作品化される以前の音源については）法律上は認められていないということになる。いわゆるスナップ写真でさえ「被写体の構図やシャッターチャンスの捉え方に創作性がある」として判例によって著作物として認められているのに対し[7]、フィールド・レコーディングが著作物として認められていないというのは納得のいかない話ではある。しかし、これはフィールド・レコーディングに関する世間の認知度や関心が相対的に低いからということもあるだろうが、何らかの形で公開されたフィールド・レコーディングが録音者に無断で使用されて、著作権侵害として訴えられるようなケースがこれまでになかったというだけのことなのかもしれない。

共有化

この本でこれまで紹介してきたフィールド・レコーディング作品は、CDやレコード、デジタル音源といった形でリリースされてきたものである。それらの作品は、実験音楽や民族音楽を扱うレコード・ショップ、小規模書店、現代美術館やアートギャラリーに併設されているショップ、あるいはBandcampやレーベルが運営するオンライン・ショップなどで購入することができる。しかし、そうしたいわゆる「音楽」の媒体としてのCDやレコードに限らない多様な形での共有の仕方がある。第1章でも述べたように、フィールド・レコーディングは、映画や放送番組はもちろんのこと、ライヴ演奏やインスタレーション、演劇やダンスなどの舞台芸術など、さまざまなパフォーマンス、展示の素材としても用いられる。ここでは場所の固有性や協働性、環境との感覚的な繋がりを重視した方法として、サウンドマップ、ワークショップなどを事例としてフィールド・レコーディングの共有方法について紹介したい。

サウンドマップ

サウンドマップ（sound map）とは、オンラインの地図とフィールド・レコーディングが融合したサウンドアーカイヴのことである。サウンドマップの考え方自体は、例えば、先述したマリー・シェーファーの「World Soundscape Project」の成果物にも見られるように古い歴史がある。ペンやクレヨンなど画材を用いたアナログのサウンドマップ（音地図）づくりは、近年では保育者を養成する授業などの学校教育においてもおこなわれている。

二〇〇〇年代中頃になると世界各地にオンラインのサウンドマップが誕生し始めた。サウンドマップとは、例えば、グーグルマップ上に録音地点を示すピンが立てられていて、そのピンをクリックすると音源が再生される（またその録音のメタデータや解説、録音現場の写真などが閲覧できる）というようなものである。地図上から音源を選択するだけでなく、音源の名前やタグ、録音場所の名前などからも検索できることが多い。

ではサウンドマップの具体例を紹介したい。「Freesound」は二〇〇五年に開設されたユーザー参加型のオンライン上の音のデータベースである。膨大な数の効果音、サウンドエフェクトなどに加えてフィールド・レコーディングも多数アップロードされており、一部の音源は「Geotagged Sounds」としてグーグルマップから検索することができる。ユーザーは音源毎に設定されたCC（クリエイティブ・コモンズ）ライセンスの条件の下で、アップロードされた音源を自分の作品（例えば、映画や音楽作品など）に使用することもできる。「radio aporee」はユーザー参加型のサウンドマップとしてはおそらく世界最大のものであり、インターフェイスも使いやすい。アーティストも多く参加しており、音源のクオリティは比較的に高い印象である。また名前の通り、アップロードされた音源がネットラジオで随時配信されている。

このようなユーザー参加型のサウンドマップは、基本的に誰もが自由に録音をアップロードすることができる。それは録音した音を世界中の人々に向けて気軽に公開できるとうメリットもあるが、逆に言えば、アップロードされている音源の質が担保されていないということでもある。一方、音源のアップロード主体が特定の録音家に限定されているサウンドマップもあり、その場合、ハイクオリティなフィールド・レコーディング音源が共有されていることが多い。例えば、「Nature Soundmap」は、九〇名を超える世界各地の自然音の録音家が参加しているサウンドマップである。ここで聴ける音源の多くはバイノーラル録音で収録されている。ボルネオ島の明け方の森のコーラス音を良質なヘッドフォンで聴くと、現地のむわっとした湿度さえ感じられるような空気感とそのなかで奏でられる鳥や虫の美しいハーモニーを聴くことができる。

「London Sound Survey」では、二〇〇八年から二〇二〇年にかけて録音家のイアン・ロウズ（Ian Rawes 一九六五－二〇二一）がロンドンの街の生活音を収録した音源を公開している。その音源は二千を超え、細かくグリッド分けされたロンドン市内のあらゆる場所の音を聴くことができる。ここでは自然の音というより、町の雑踏や交通音など、人間の活動に伴う音に焦点が当てられている。また近年のサウンドマップはスマホのアプリと連動したものもあり、ユーザーがスマホで気軽に録音と共有をおこなえるような仕組みが作られていたり、観光と結びつけて現地への旅行を促したりするようなものもある。[8]

ただしこのようなウェブ上のサウンドアーカイヴ、サウンドマップは、必ずしも永続的な公開が保証されていない点にも注意が必要である。例えば、かつて私自身も参加していた「SoundTransit」というウェブ上のユーザー協働型サウンドアーカイヴ（サウンドマップ）があった。このウェブサイトは「架空の音旅行」をテーマとして二〇〇五年に開設され、例えば、ユーザーは出発地を東京、経由地をドバイ、目的地をマドリードと選択すると、アップロードされた音源のなかから東京、ドバイ、マドリードで録音された音源がランダムに組み合わされて順番に再生されるというものである。デザインやインターフェイスも優れており、音源もクオリティの高いものが多く、ウェブサイト自体がひとつのアート作品と呼びうるものであった。それが、いつのまにか閉鎖されてアクセスすることができなくなっていた。開設者によれば、サーバーのレンタル料が高くなって払えなくなったためだという。したがって、私も含めて多くのアーティストが投稿した二千を超える音源は録音内容のテキスト情報も含めてそのウェブサイトから実質的に失われてしまった。このようにウェブ上のサウンドマップは、個人がボランティアベースで運営していることも多く、管理運営面での人的・経済的なコストやモチベーションが維持できなくなれば、ウェブサイト自体が突然閉鎖されることも珍しくないのである。

ワークショップ

次にワークショップについて紹介する。ここでは、主に録音機材を使ってフィールド・レコーディングをおこなうワークショップと、サウンドウォーク（soundwalk）と言って特定の場所で環境の音に耳を澄ませながら歩くワークショップについて説明する。[9] これら二つのワークショップは録音機材を用いるかどうかの違いはあっても、聴くことを通して周囲の環境と関係性を構築しようとする点で共通している。ここでは、岩田茉莉江と私が南大東島でおこなったサウンドウォークとフィールド・レコーディングのワークショップについて紹介したい。

先述したように、我々は二〇一八年に南大東島の島民の「聴点」に焦点を当てたフィールド・レコーディング作品『うみなりとなり』を制作し、同年三月に南大東島で作品の発表を兼ねて講演会とワークショップを実施した。ワークショップでは、まず岩田の先導による「音さんぽ」（サウンドウォーク）をおこなった。耳に掌を当てたり、目を瞑って列を作って歩いたりして周囲の環境音を聴くというものである。これには、普段受動的に聞いている環境の音を意識的に「聴く」モードへなるよう身体変容を促す意図がある。

次にフィールド・レコーディングのワークショップをおこなった。まず、私が録音機材（ICレコーダーと小型マイク）を用意し、使い方などをレクチャーした後、数名のグループに分かれて島のさまざまなスポットを自由に探索し、録音をおこなった。録音した音は筆者がノートPCを用いて音量や長さなどを簡易的に編集した後、グループ毎に録音した音源を発表し、参加者全員で質疑応答などのやりとりをおこなった。

ワークショップには、親子連れを中心に三〇名ほどが参加し（**写真6−2**）、以下のような感想をもらった。

・音をろくおんすると、人間ときこえ方がちょっとちがうところもあるけど、みんなできけるので音だけをきくのもいいなーと思いまし

写真6-2:『うみなりとうなり』ワークショップの様子。一番左が筆者、その隣りが岩田（撮影：東和明）

た。（小学六年生）

・自然の音が耳できくのと、録音してきくのでは違いがあることを実感！（三〇代女性）

・色々な音がとれて楽しかったし、ほかのグループの音もきけてよかったと思いました。また、やりたいです。（小学四年生）

・木の葉の擦れる音もそれぞれ違っていて面白いと思いました。（四〇代女性）

・身近なところにも、おもしろい音があることに、かんしんした。これから、ケータイで、イッパイ音を取る。（小学三年生）

＊いずれも原文ママ

このように参加者はマイクが捉える音と耳に聞こえる音との違いを感じたり、録音した音を皆で共有する点に面白さを感じたようである。例えば、飛んでいるトンボの羽音をマイクを近づけて聞いてみたり、木の葉の種類による葉擦れ音の違いを録音したり、あえて普段行かないような場所で音を探してみたり、島の環境をマイクとレコーダーを使ってそれぞれの視点から探索し、何らかの発見をした様子が参加者の言葉からうかがえた。これは身の周りの環境を録音機材という身体を拡張するツールを通して探求し、発見された音を共有するプロセスを通して身体と環境との関係性が再構築される創造的な営みと言えるだろう。[10]

音響生態学者のバーニー・クラウス（Bernie Krause 一九三八－）は、「レコーダーはレコーダーなしでどう聞くかということを学ぶための道具」と述べている。[11] それは、録音という行為を通した身体感覚の変容、つまり、無意識のうちに「聞いていた」日常の音を意識的に「聴くこと」を通して環境への新たなまなざしを獲得することだ。

このワークショップのねらいは、録音という行為を通して環境に対するさまざまな気づきを促し、島の環境を再認識、再発見するようなきっかけになればということと、『うみなりとなり』の制作プロセスを部分的にせよ島民に体験してもらい、プロジェクトの意義を理解してもらうことにもあった。近年の人類学において研究のプロセスや成果を調査地の人々といかに共有し、協働で知識を生み出していけるかは重要な課題である。その背景には、一九八〇年代において人類学は「表象の危機」と呼ばれる、調査者と被調査者の非対称的な関係性に基づく民族誌記述や表象のあり方が自己批判的に問い直されてきたという経緯がある。そうした状況のなかで、調査対象者とのより協働的なアプローチを重視したさまざまな民族誌的実践が試みられるようになったのである。『うみなりとなり』の場合では、録音メディアを活用したフィールドワークをおこなうことで、調査プロセスにおいて調査地の人々との対話や協働が促され、制作した作品、ワークショップなどを通して研究成果を調査対象・一般社会と共有することが可能となった。

このように、フィールド・レコーディングのワークショップは、マイクロフォンが触媒となって、また他者と録音を共有するプロセスを通して、参加者自身の身体と環境との関わり方が変容していく点に意義があるのだ。[12]

録音の文脈を示す方法

フィールド・レコーディングを作品としてリリースする場合、録音の文脈をどのように示すか（示さないか）というのは重要な点である。それは、録音というものが、例えば写真や映像が伝える情報に比べて曖昧であるために、音以外の情報がなければその音が一体どのような場所でどのような音を録音したものであるのかわからないことが多いからである。

通常、録音場所、録音方法、録音場所（対象）と録音者との関係性、そして作品のコンセプトやテーマといった情報は、ライナーノーツにテキスト（写真、イラスト、図などを含む）で記載されることが多いだろう。しかし、それだけでなく、パッケージングも含めたデザインを通して録音の文脈を示すこともできる。例えば、『うみなりとなり』では、岩田の発案により、録音地である南大東島でバッグや籠など民芸品の素材として使われる月桃の葉を乾燥させたものを作品に封入した。これは、聴覚、視覚に加えて、触覚や嗅覚（葉をちぎると芳香がする）からも「島」を感じられ

写真6-3：『Wetland』のジャケットと封入物（提供：immeasurable）

るようにとの意図があった。

　私がリリースした『Wetland』という作品は、京都の深泥池の畔で異なる季節に収録した音（真冬に雪が積もった朝の音、真夏の夜の音、水中音）を収録した作品であるが、デザイナーの秋山伸によるデザインは、その場所の文脈を示すために、池の畔で採集した落ち葉を封入するものになっている（**写真6-3**）。このように録音場所に関わるモノは、触覚、嗅覚を含めた多様な感覚を通して、場所の文脈をリスナーに伝えることができるのだ。

　また、先述したフランシスコ・ロペスには、リスナーが視覚情報を遮断するための「目隠し」がCDに同梱された作品がある。[13]　またロペスが一九九八年にCDでリリースした『La Selva』はコスタリカの熱帯雨林の濃密なサウンドスケープを捉えた作品であるが、二〇一五年にSub Rosaから音の入っていないアナログのLP盤と24 bit／48 kHzのWAV音源を収録したUSBメモリーとして再発された。ロペスによれば、このようなリリース形態を取った理由として、LP盤で何度もテストプレスを試みたが、昆虫と両生類が生み出す『La Selva』の圧倒的に濃密な音を再現することができなかったため、最終的にデジタル形式で再発することに決めたのだという。

また、ばばまさみと長井爪による音楽ユニット「salad」は、フィールド・レコーディング音源が収録されたMP3プレーヤーと専用のイヤフォンを同梱した作品『piipiipii』(pct/oubon)を二〇二〇年にリリースした。これは、二〇一九年一二月二一日に開催された展示「SHOKKI's HOME Center」(長野県松本市/栞日分室)の会場でおこなわれたイベントの音を収録したものである。作品の紹介ページによれば、「まずはよく行く公園やお気に入りのベンチでボーッと聞いてみてください。お散歩中に飛び込んでくる音や景色と、少し違った付き合い方ができれば幸いです」と書かれている。通常のCDプレーヤーやパソコンを介した音源の聴取ではなく、野外で外の風景や環境音とともに作品を聴くことが意図されているのだろう。

このように、作品の形態には場所の文脈やリスナーに対して音源をどのように聴いてもらいたいかという作者の意図が込められたものがあるのだ。

以上見てきたように、フィールド・レコーディング作品には編集や作品化のプロセスを通して作者の意図や録音の文脈がさまざまな形で反映されている。またCDやレコード、カセットといった固定的なメディアに記録された「作品」にとどまらず、サウンドマップのように協働的に作りだされるオープンエンドな「作品」、ワークショップのように他者や環境との相互作用を通して協働実践の場を作ることなど多様な形での共有の仕方があるのだ。

［注］

1 私は波形編集ソフトとしてAdobe Audition CCを使用しているが、Audacity（Win/Mac）、SoundEngine Free（Win）などのフリーソフトでもステレオ音源の基本的な編集作業をおこなうのには十分な機能を持っている。

2 IZotope RXなどノイズ除去を専門とするソフトウェアもある。

3 以下を参照した。なお日本では肖像権・プライバシー権については法律上の明確な規定がなく、判例上認められるようになった権利である。日本音響学会「音のなんでもコーナー Q&A 74」https://acoustics.jp/qanda/answer/74.html

4 文化庁ホームページ「いわゆる「写り込み」等に係る規定の整備について」https://www.bunka.go.jp/seisaku/chosakuken/hokaisei/utsurikomi.html

5 なお上記の文化庁の条文の解説には、本条第2項の条文上「分離することが困難であること」を要件としていないため、「付随対象著作物」を「写真等著作物」から分離することが可能であっても、著作権者の許諾を得ることなく利用することができると書かれている。

6 例えば、以下を参考にした。カズワタベ、水野祐「街でフィールド・レコーディングした音を楽曲に利用した。駅のアナウンスや音楽が入っているがこれはＮＧ?-」https://rittor-music.jp/column/rights/22803

7 「平成19年（ネ）第１０００３号出版差止等請求控訴事件　知財高裁平成19年5月31日判決」https://www.jfpi.or.jp/files/user/pdf/data/Chizai_no17.pdf

8 例えば、Pioneer の Global Sounds など。https://jpn.pioneer/ja/support/pcperipherals/app/iapp_globalsounds/jp.html

9 サウンドウォーク（soundwalk, soundwalking）の歴史と概念は、サウンドスケープの概念と密接に関連し、近年では、サウンドアートなど芸術・創作活動の分野だけでなく、メディアスタディーズ、サウンドスタディーズ、都市計画、社会科学などの学術的な分野における手法、ツール、方法論としても幅広く活用されている（Frauke Behrendt「Soundwalking」（二〇一八）より）。

10 ジェイソン・フリーマンらは、フィールド・レコーディングのワークショップは、身の周りの環境を音の観点から探求し、隠れた音を発見し、録音した音を共有する過程のなかで、参加者それぞれの創造性が見いだされる、と指摘する（Jason Freeman et al.「Soundscape Composition and Field Recording as a Platform for Collaborative Creativity」（二〇一一、二七二頁）より）。

11 バーニー・クラウス『野生のオーケストラが聴こえる』（みすず書房、二〇一三）からの引用。

12 私は他にも、バットディテクターを使って身の周りの超音波を探索するワークショップ、参加

13

者各自がエオリアン・ハープを制作して、身近な環境で風の通り道を探索し、風の力で音を奏でるワークショップなどをおこなってきた。

例えば、『Live in San Francisco』(23Five 二〇〇五)。なお私も体験したことがあるが、ロペスのライヴパフォーマンスでは、オーディエンスは目隠しを渡され、視覚を遮って体験することが求められる(ただし、強制ではない)。

付録1

鼎談「フィールド・レコーディングをめぐって」

柳沢英輔 × 佐々木敦 × 角田俊也

この鼎談は二〇一九年七月一三日、東京・三鷹のイベントスペース「SCOOL」でおこなわれたイベント「フィールド・レコーディングとは何か」の第二部のディスカッションをベースに再構成したものである。

フィールド・レコーディングにはさまざまな目的、方法、考え方がある。この鼎談では、九〇年代から場所の音に焦点を当てた作品を制作してきたアーティストの角田俊也、思考家の佐々木敦とともにフィールド・レコーディングの方法論や鑑賞など、多岐にわたる内容について話した。

鼎談　フィールド・レコーディングをめぐって

柳沢英輔×佐々木敦×角田俊也

佐々木――今日のイベントは「フィールド・レコーディングという表現、方法論を音楽とは違う文脈で考えたい」という話を角田さんからいただいたことから開催することになりました。

これは前提以前の話になってしまうかもしれませんが、フィールド・レコーディングの作品が注目されるようになったのはある時期以後、音楽、とりわけ実験音楽の文脈で起きたことでした。けれど角田さんはフィールド・レコーディングを始めたときから音楽ではないという意識をもっていらっしゃったんですよね。なのでまずその「音楽じゃない」ことについてうかがえますか？

角田――そもそもぼくは美術のほうからフィールド・レコーディングに入っていきました。そこに自分は作曲家じゃないという意識があります。それで音楽ではないということです。聴いている人にどう思われても良いんですが、ただ録音しているだけなので音楽を作っているとは思えないんですね。音響的にどう面白いかではなくて「場所」というものがどのように表れているのかに一番興味があるので。例えば録音をしたものを聴いていると周波数と意識が同調したように聞こえることがあるんです。一日中泳いだ日の夜に波の感覚が残っているような。それを探るためにやっているので、音楽というふうに考えたことはないんです。楽器も弾けないですし。

佐々木――例えばドローンのような音楽とは違うということですよね。

角田――似ていると言えば似ていますけど、考え方が違いますよね。最終的な聞こえ方は似ていたとしても別のものだと思います。

例えば、ヘレン・ミラ（Hellen Mirra 一九七〇―）というアーティストの作品にギターの上に糸玉を落としているものがあって、この作品はけっこう音楽的に聞こえるんです（『Field Geometry』Explain 二〇〇〇）。ただ、同時にこれを聴いているとハラハラするんです。糸玉が地面に落ちたらだめじゃないですか。この作品は音楽を作るために糸玉がギターからはみ出ないようにしている。これを聴いたとき、出音から受ける音楽的な印象だけじゃなくて、そういう姿勢も感じたんです。

音楽を作ろうとしている人でもこうやって音だけに表れてこないことをしている。その制作を作曲と呼ぶのなら音楽と言えると思いますが、そうじゃなければ音楽とは呼べないのではないかなと思うんです。

佐々木――なるほど、たしかにそうかもしれません。柳沢さんはＤＴＭやピアノをやっていて音楽的な背景があるとのことでしたが、フィールド・レコーディングとはどういう距離感をもっているのでしょうか。

柳沢——ぼくはそもそも自分の作品が音楽として受け止められること自体にあまり意識が向いていないかったですね。環境音の録音作品については音楽ではないつもりで出しています。

佐々木——例えば録音をしてから聴き直しをしますよね。そのときに「これは音楽的に良いからCDに入れよう」ということもあるのでしょうか。その取捨選択とリスナーとしての価値判断は関係があるかと思うのですが。

柳沢——それはあると思います。ぼくは実験的な音楽を含めていろいろ聴いてきたのでそういう背景は切り捨てることはできないかなと。なので自分のなかでも、その価値判断を否定はしていないです。

角田——ぼくも音楽はジャンルを問わずいろいろ聴いていて、なので無意識的には影響されているのだと思いますが、自分の作品に当てはめると違うかなという気がします。音楽はやはり構成があると思うんですよね。どこかで静かになったり盛り上がったり。けれどそんなことではなく、というつもりでやっているので。

たしかにアルバムとしてトラックをコンパイルする際に、全体の構成、絵でいう構図みたいな意識はありますが、それも音楽的な観点からではないですし、フィールド・レコーディングは何よりもまずドキュメントだと考えます。

対象との向き合い方

佐々木──フィールド・レコーディングという手法はどこかの場所である時に録音するというもので、そこには録音する側の能動的な感覚が入り込みにくいですよね。ただ、同時にその感覚はまったく消し去ることもできないとも思います。録音をして、それから聴き直して編集をしているとき、音に対してどういう感覚で接しているんでしょう。

角田──最初期の『Extract from field recording archive #1』(Wrk 一九九七)の録音から、特定の場所の振動を観察するという発想をしていました。そこで起こっている振動の特徴が際立ったところを探してレコーダーのスタート・ボタンを押します。

なので編集では振動がはっきり出ているところを探すということはします。その場所の特徴的な状態が起こっている箇所ですね。音楽的な発想はありません。そういえば以前にマイケル・ピサロ(Michael Pisaro 一九六一─)と一緒に作品を作ったときは途中で作業が止まってしまったことがありました。「どっちがいい?」と訊かれても理由がわからないんですね。

佐々木──今の話は重要ですよね。音楽的って言葉が意味しているものも曖昧で、メロディーのように聞こえればいいですけど、そうじゃなくても音楽っていうのがあるわけじゃないですか。けどそれとも違うということで。

そのうえで録音によって何か得たい結果を

求めたり、あるいは、こうやったらどういう結果が得られるかとやってみたりという実験の場合でも、音楽的ではなくても、何か録音や編集の段階でエステティックな判断が入ってると思うんです。お二人の録音を聴いていると「すごいな」と思う瞬間があるんです。そのすごさを考えると実は音楽の視点だけで考えるとわからなくなるんですよね。

角田――まず柳沢さんもそうだと思いますが「こういうものを録ろう」と思って録音には行かないんですね。自分の場合は同じロケ地に二十数年通っていますが、同じ録音ポイントなのに、どういう訳か行く度にまったく様子の違う振動が起こっているんです。見掛けの変化はない場所なのに振動は様子がずいぶん違う。これを調べていくうちに同じロケ地での録音を繰り返すようになりました。

それから自分は客観的に何かを録ろうという感覚もないんです。例えば「港」の環境音を録ろうと思ったら、いろいろな港に行って港的な何かを抽出したり、その港の全体像が見えるような位置から捉えなければならないと思うんですが、そういうことはせずに、自分がいる位置から考えています。自分にとっては主観というものが重要に思えるんです。

佐々木――主観というものは個人の主観に閉じ込められているといった意味だけではなくて、じつは一般に客観と呼ばれてるもののなかにもありますよね。その潜在している主観を掘り出すということを角田さんはある時期からやられていることだと思います。

話がすこし戻りますが、柳沢さんは角田さ

んとは違ってあまり録音する対象を固定化しないですよね。フィールド・レコーディングに関しては一回性という概念も重要に思えますが、どうやってその場所と関わっていくんでしょうか。

柳沢――ベトナムでの録音の場合は、環境音の録音とはちがって録音対象が人であることが多いんですね。例えば儀礼はもちろんぼくのためにおこなわれるものではないし、祭儀の進行の邪魔にならないようにその場に寄り添って録音や撮影をさせてもらいます。そこには村人とのコミュニケーションや関係性も関わってきます。ぼくが録らなくても儀礼自体は繰り返しおこなわれるとは思いますが、録らないと残らないというのもまた事実ですよね。どこかにドキュメントとして残したいという欲求があるんでしょうね。

ベトナム中部高原で調査を始めた頃、バナ族の村のある民家を訪ねた時、アコースティック・ギターで民謡を歌う人がいて、それがとてもよかったんです。その時はハンディレコーダーにラベリアマイクを使って簡単に録音させてもらいました。一〇年後に機材を充実させてもう一度録音しようとその家に行ったら、その方は歌詞を忘れてしまってその曲を歌えなくなっていました。その村ではその人と同じように民謡を歌える人はいません。たった一〇年である村の、もっと言えばある民族の音楽文化の一端が失われてしまったとも言えるわけで、フィールド・レコーディングのドキュメントとしての価値について考えさせられる出来事でした（この曲は『Music of the

Bahnar People from the Central Highlands of Vietnam』(Sublime Frequencies 二〇一六)A面、トラック3〈Red Bird with the Yellow Leg / Xem Dum Jông Dreng〉)。

ゴング演奏では、各演奏者が自分のゴングを叩くタイミングをちゃんと把握して演奏がおこなわれなければ楽曲はすぐに破綻します。正直に言えば、しょぼい演奏のときもしばしばあるのですが、時に非常に優れた演奏がおこなわれることがあります。いずれにしても、録音していないとそれは記録には残せません。

佐々木——角田さんの場合は人間を相手にするというか、文化人類学的なアプローチはされていないですよね。柳沢さんの場合はそういったアプローチと、音そのものに対するアプローチの両方が並走しているように感じますが、そのあたりはどう考えているのでしょう？

柳沢——自分のなかではその二つの関心は結びついているんですよね。人類学的なアプローチのなかにも音に対するこだわりというか意識は常に持っているし、音そのものを対象にする場合でも、人類学的な視点が関わっていることもあります。

角田——ぼくは柳沢さんの文化人類学的な録音を聴いてもけっこう自分と共通点があるように感じていますよ。ゴングの背後に流れる風の音にとくに感じますが、人間を相手にしているけれどその土地の空気も抽象していると思います。

映像との違い／場所の固有性

佐々木——今のこととも関係があるかもしれな

いですが、ビデオカメラによる録画と、聴覚だけの録音の違いに関してはどうお考えなんでしょうか。CDは音だけですが、録音対象は当然視覚的な対象でもありますよね。映像を記録することも可能であるのに、聴覚だけを切り離すのはなぜでしょう?

柳沢――ぼくは映像も撮るので、その違いについてはよく考えます。カメラにはまずフレームがあって、それが支配的です。けれど、音はフレームの外、三六〇度から聞こえてくる。撮影ではフレーム内で人や物の一連の動きが終わったときに撮影を止めることが多いですが、音はそうしたフレーム内の動きとは関係なく変化を伴いながら続いている。

角田――映像は最初に全体が提示されますよね。遠くからだんだん人が近づいてきたら、「あ、人が来たんだ」とわかるような。その空間全体が把握できるので、そこにこれから表れる変化などは予想がつきます。音の記録の場合、全体は一瞬では把握できません。次に何が表れるのかわからず、時間をかけて全体が表れます。映像とは異なる世界の表し方だと思います。それから映像作品の場合、視覚と聴覚だけでよし、としますが、それも変な話です。嗅覚や触覚など他の感覚もあるはずですよね。

佐々木――気配なども。

角田――そうです。けれどそれを再現しようとして、例えばサラウンド再生のようにスピーカーを何個もセットすればするほど、どんどん生々しさは消えて偽物のように感じられていきます。リアルだ、と感じるのは、それが擬似的なものだとわかるからだと思うんです。

主観の話にすこし戻りますが、『ソマシキ場』あたりから風景に対する態度が変わってきましたね。「風景」は「場所」とは違います。ある人がある場所をどのように見ているかということですね。そして「風景」がその人にとってどんなふうに見えているか考えてみると「風景」の半分はそれを見る人の意識のなかにあると思います。このことに気づいたのは『Extract from Field Recording Archive #2』(Häpna 一九九九)で扱った問題、観察点と空間の関係からです。私はずっと録音を続けてきて、うまく言えませんが、自分のなかに風景に対する態度のようなものができてきました。その態度とCD、どちらが作品なのか副産物なのかわかりません。だから私の制作は「自由研究」、長期休暇のときなどにやる自主課題のようなものだと思っています。ぼくの知っている芸術家はもっと崇高なので……。

佐々木——いやいや、角田さんも柳沢さんも聴いていると美しさというよりも崇高さを感じますよ。畏怖してしまうような崇高さといいますか。

話は変わりますが、お二人にとって場所の固有性というものはどのようなものなのでしょうか。どこでもよいということではなくて何か理由があってその場所で録音をされていると思うのですが。

柳沢——ベトナムでの録音に関して言えば、録っているのは音楽ではあるんですがその音楽は場所が作っているもので、音楽を録っていながら場所を録っているという意識はあります。演奏のなかにその場所の霊性やその土地や民族の歴史もすべてが表れていて、それを記録しているのだと考えることはあります。

角田——録音のなかには場所そのものが音になっているものもあると思うんですよね。このあいだ長浦の港に行ったらいつの間にか防衛省の管轄で立ち入り禁止になっていて入れなかったんですよ。長年録音をしている思い出の場所が。知らずに行って警察が来て大変だったんですが（笑）。

それで、そこでした録音は場所の特徴をすぐそのまま出していると思うんです。物体にはその大きさに準じた固有振動があります。振動は波の運動ですから、波は場所そのものを表していると言えます。例えばこの曲は長さ三〇メートル、直径一・五メートルくらいある鉄のパイプ状の資材のなかで響く拍手の音ですが、奇妙な響きになっています（『Extract from field recording archive』（ErstPast 二〇一九）CD5、トラック5〈Clapping Echoing Inside a Pipe〉）。これはマイクを一方の端に置き、その反対側でした拍手によるインパクトがパイプのなかで反響し、その変化がパイプの距離に応じて重なり合ったものです。波の運動はその空間全体に行き渡り、その構造を表します。それが空間の固有性です。

風景はどこにあるのか

佐々木——主観の話とも関わってきますが、角田さんがおっしゃるような「風景」になる前の段階として「状態」というものがあると思うんですね。ある状態を記録したい、というのはまだ風景ではないですよね。

角田——そうですね。だからそういったものを録っていたときはどこで録ってもよかったとも言えます。

佐々木——そこはやはり大きなターニングポイントと言えますよね。

角田——最初は広い面積があって、コンクリートや金属といった同じ素材でできているという理由で長浦港のような場所を選んでいましたね。一メートルおきに録音場所を変えたらどんな振動が録れるだろうかといったことをして。それが何度も通っているうちに意識が変わっていったんです。もともと昔から知っている場所ですが、録音をやっていくことでそうなっていったんです。自分と比較するのはおこがましいかもしれませんが、セザンヌがサント＝ヴィクトワール山を描き続けたように、そうなっちゃったんですよね。

佐々木——お二人は録音作品を発表する時に説明や解説をつけていますね。それは必須ですか？　聴覚だけを切り取りながら、聴覚だけで完結させようとしていない。ある意味ではすごく勇気がいることなのではないかと思うのですが。

角田——なんだかわからないけれどなにかのように聞こえるということがあると思います。例えば二枚の写真があったとします。両方ともただ木が写っているだけです。一枚は何気なく撮ったもの。もう一枚は、その木が自分の子どもが生まれた時に記念に植えたものだったことに気づいて感慨深い気持ちで撮ったもの。同じような写真でも何か違いが感じられる。何の情報がなくても、観る者に何かを伝えるということもあると思います。

音のなかにもそういうものがあると思います。例えば『ソマシキ場』のＣＤジャケットには文章だけが印刷されていますが、あれは郷土史の書籍から抜粋したものです。まず最初にそれを読んでから、あるいは読みながら聴いて欲しいのでそういうデザインにしました。

録音をする場所もどこで録ろうかと決めるわけではなくてここって場所に出会っちゃうんですよ。スピリチュアルとかではなくて、何かが刺激を与えているんだと思いますが。

佐々木――それってそこで聞こえてくる音が理由ではないんですよね。

角田――そうです。音ではないんですね。説明はできないんですが……。

佐々木――柳沢さんはどうなのでしょうか？　例えばエオリアン・ハープの作品はそれがどうやって録られたか説明がなくても成立してしまうものですよね。

柳沢――それでも場所の文脈というものが重要だと思っています。千年椿という場所にエオリアン・ハープを置いて録音した作品がありますが、そこには地名の通り、推定樹齢一二〇〇年と言われている大椿があります。エオリアン・ハープは自然の風の力で音を奏でる弦楽器で、風が弦を通過したときの風向きや強さ、ハープの角度、弦の張り具合など色々な条件が揃った時に初めて音が鳴ります。つまり、そこに起こる風とハープの音には密接な関係があるんです。その場所とハープが共振した結果、音が鳴るとも言えるでしょうか。

そして、椿はその場所を作りだしている構成要素で、椿の存在、椿が紡いできた時間と風の発生とは無関係ではない。それを録音という行為によって描き出したわけですが、そういった情報を聴く人には知っておいてもらいたいなと思います。

佐々木――非音楽的な演奏のなかには聴いたら何の音だかわからないものがあって、それが例えばアコーディオンのボディを指で擦った音だ、というような説明があったら、音楽への理解が変化することがあります。説明や解説にもそれと似た効果がありますよね。それらを読むことで聞こえ方が変わったり、録音の意図がわかる。ワン・セットになっているというか。そこで場所を感じさせるためにエオリアン・ハープを選択したというのは面白いですよね。

柳沢――エオリアン・ハープのことは以前から知っていて、人間がコントロールできない自然の風によって音を奏でるというのが面白いなと思っていました。エストニアでアーティストのジョン・グリズニッチとエヴェリン・ミュアセップが運営するレジデンス「MoKS」に滞在させてもらったとき、ジョンがエオリアン・ハープを自作していることを聞いて自分でも作ってみたいと思うようになったんです。それをどこか特定の場所に設置する音響彫刻のようなものではなく、バットディテクターのように聞こえないものを可聴化する装置として活用できないかなと思って。つまり、小型のエオリアン・ハープを作って色々な場所に持って行って、その場所の環境音とともにハープの録音をしたら面白いのではと思ったんです。

角田――志向性の問題でもあると思うんですよね。どこに矢印が向いているのかを示しておく。何かを摑んでいるとかを示すのではなくて、志向性をそこに向けるということですね。柳沢さんのこの作品の場合は椿に矢印を向けることで、志向性を示しています。音だけだと出たとこ勝負になってしまいますから。

佐々木――そうするとやはりお二人とも音だけではなくてその説明も一緒に聴いてほしいということですよね。

角田――そうですね。前提としてドキュメントですから。かといってぼくらのようなやり方ではないフィールド・レコーディングがつまらないとは思っていませんよ。面白い音が録れて、それを曲の一部に使うとか。

佐々木――出発点が違うだけだということですよね。面白い音、変わった音が録りたいということではないと。結果として面白い音が録れてしまうことはあると思いますが。

質疑応答

観客A――お二人とも録音に基本的に加工しないというスタンスをとっているようですが、マイクをどこに立てるのかも音響の加工だといえませんか？

角田――もちろんそのとおりです。

佐々木――そもそも純粋な、客観的な観察点というのは想像上のものでしかないですよね。

柳沢――ぼくは特定の周波数をイコライジングしたり、クリック・ノイズなどを除去したりすることはありますが、基本的には加工しない方向でやっています。もちろん「非加工」の録音は、作為的でない、客観的、中立的、リアルなその場の音を記録したものであるなどと主張したいわけではありません。録音と現場で聞こえる音はまったく別のものです。とはいえ、録音を重ねたり、加工していくと、記録された音は場所の文脈から離れてコラージュやミュージック・コンクレートになってしまう。そうした音楽はすでに多くの優れた作家や作品がありますし、自分が作ることには現時点ではあまり関心がありません。

角田――ぼくの場合、録音に後から手を加えようとは考えていないので、何よりもマイクの設置ポイントを探します。録音は現実の再生ではありません。現実空間の、三次元の振動と録音された音響はまったく違うものです。そのようにしか録音できないものとして諦めが最初からあります。マイクもずっと使い続けている二種類以外は使っていないですしね。録音後にする加工は、トラックの最初と最後のトリミングと不用意に入ってしまった雑音の除去だけですね。ただ、まれにですが、何度も行き交う飛行機の音などを消すことはあります。

観客B――録音の開始や終了のタイミングはどうやって決めるのですか?

柳沢――録音をしていると車や人が来たりして、その時点でストップすることもありますが、録音ポイントを決めたら辛抱強くレコーダーを回すことが多いです。どんな音が鳴るかは事前に予想できないですし、長く録らないと使える部分も少なくなります。モニター中はなるべく音を立てないようにじっとしていることが多いですが、最近は足音などあえて録音者自身の出す音を含めて録音するアーティストもいますね。

佐々木——録音をしている人はそこにいる訳ですから、その存在を消すのは不自然だとも言えますね。

角田——実際に録音をおこなうとわかりますが、何かしら邪魔が入るものです。「Extract from Field Recording Archive」のシリーズでの録音はほぼDATで録られた尺のままです。基本的に録音中、モニターはしません。最近はとくにしないことがほとんどになってますね。マイクをセットしてレベルなど確認したら録音場所から離れます。人が居ないと何かが起こるかもしれないので。

柳沢——ぼくの場合は長時間の録音でレコーダーとマイクをセットしてその場を離れることもありますが、モニターをすることが多いです。モニター中に聞こえる音は、録音ファイルを家で再生する音とも違います。マイクが拾った音と現場の生音がミックスされた独特の生々しさがあるんです。モニター中は身じろぎもできないので、ものすごく音に集中していますし、緊張感もあります。その時にしかない、その体験が私にとって録音の醍醐味です。

角田——それは面白いですね。モニターによって空間が描かれていくのを聴いていくという感じでしょうか。人にとって世界は常にカオスのようなもので、目的によってその都度、人は空間を構成しています。例えば街を歩くとき、目的地に向かうあいだ、信号を仰ぎ、歩行者を避けながら、時間を確かめる為に腕時計を見て、という一連の行為によってその場所における、その人の空間が作られていく。モニターすることで空間が録音に変換されていくのを聴いているというか。

佐々木——それが角田さんが言う「主観」の働きですね。

角田——そうですね。主観の働きのように録音によって場所が描かれていく。ぼくはフィールド・レコーディングで音を録ろうと思っていないんですよ。場所の様子を記録したい。先に話したように、映像とは違う手法による場所のドキュメントです。ドキュメントというと主に社会問題がテーマになることが一般的ですが、フィールド・レコーディングには空間や時間のドキュメントという表現の可能性があると思います。フィールド・レコーディングを実験音楽のジャンルとしたら美学的な判断しか適応されなくなってしまいます。

観客C——作品の時間的な制約についてはどうですか。例えばCDに収録できる時間は決まっていますよね。

角田——なにごとにも限界がありますから、そういうものとして諦めています。音源のネット配信という手段もありますが、やはり私はCDやレコードみたいなパッケージにして提供したいという欲求が強いです。

観客D——これくらいの音量で作品を聴いてほしいなどの、リスナーへの欲求のようなものはありますか？

柳沢——それは聴く側に委ねます。ただしヘッドフォンでもスピーカーでもいいですが、できれば良いシステムで聴いてほしいという思いはあります。例えばパソコンやスマホの内蔵スピーカーでは微細な音の変化は聞こえないでしょう。

角田——普段の自分のリスニング環境で聴いてもらうのがベストですね。余計なフィルターがなくストレートに鑑賞できる特別な空間です。いつもと違う他所《よそ》の場所で聞いたり、誰かと一緒に聴くとパーソナルに向き合えないと思います。あと、録音につけた文章や解説は読んで欲しいですね。

佐々木——最後にぼくからも質問をいいでしょうか。角田さんの『The Temple Recording』(edition.t 二〇一三）についてです。この作品は、互いに親しい二人の人間がある場所に行き、二人並んでそこに座り、各々、片方のこめかみにマイクをしかけた聴診器をつける。左に並んだ人は左のこめかみに、もうひとりは右のこめかみにつけ、一定の時間、風景を体験してもらい録音する、という作品です。この二人が誰でもいいのではなく、幼馴染同士であったり、夫婦であったり恋人同士であったりする必要はあるのでしょうか？

角田——録音の結果は誰とやっても変わらない

でしょう。幼馴染のように同じ期間をともに過ごしたり、気持ちが通い合っている者同士のほうが、同じように風景が見えているだろうという前提で録音をおこなっています。しかし、いくら理解しあっていたとしても他人の主観を体験することは不可能です。同じように風景が見えているだろうと信じるしかありません。

佐々木——パートナーがどんなふうに風景を体験していたか録音からわかるのでしょうか。

角田——いえ、録音から二人の主観が伝わることなどありえません。この作品は、作品に表れない背景が重要なんです。録音している間、二人の主観には風景が表れているはずです。その体験された時間のドキュメントなんです。「風景」は意識の関わりによって表れる。ということは二人がある特定の場所を「風景」として成り立たせているのだと解釈しています。

この作品ではもうひとつ扱っている問題があります。それは拡張されたステレオフォニックです。私たちの視覚は左右の眼によってひとつの像を結びます。聴覚も同様に、聞こえている音を、左右の耳それぞれに届いた音に分離させて聴くことはできません。二つの信号によってひとつの立体的な像を作る。これを利用したものがステレオフォニックというシステムですが、これを二人の人間の体験に拡張しようと試みました。つまり二人の人間がひとつの像を作るということです。その像は対象に向き合う態度として、客観的に存在するのだとぼくは考えます。『The Temple Recording』は聴く作品としては非常に実験的ですが、ドキュメント作品としては可能性のひとつではないでしょうか。

柳沢——角田さんはフィールド・レコーディングはまずドキュメントということですが、ドキュメントというとアーカイヴ的な録音というか、蓄積していくことで比較したり、類型化したり、変化を捉えるようなものも思い浮かびます。角田さんのいうドキュメントという点についてもう少し詳しくお聞かせいただけますか。またそれはひとつの場所にこだわってずっと録音を続けていることと関係しているでしょうか。

角田——同じ地域で録音をしてきたのは、自分が生まれ育った場所だったからです。たまたまその場所だったし、そこ以外はなかった。私は相対化することによって見えてくるものに興味がないんです。大げさに言うと世界が私たちにどんなふうに表れてくるのか、ということに関心があります。それで主観という言葉を使っています。ですからドキュメントとは単純に、現実の空間のドキュメントという意味です。私たちは感覚だけで世界と出会っているわけではありません。そこには意識も関わっています。その意味ではドキュメントは制作者による描写とも言えますね。録音は映像よりも表れてくる表情が生々しい。そこに聴くことの面白さがあります。録音を聴くことは、リスナーにとっても描写になるかもしれません。

柳沢——多くの人はある種の音楽を作る目的でフィールド・レコーディングをしていると思うんですよね。ドキュメントではなく。あるいは聴く側もそうだとも言えますが。ただ、フィールド・レコーディング作品が音楽と違うものであるとすればそれは録音に結びつける文脈の存在にあると思っています。

角田――空間には聞こえている音以外のものが存在してますからね。柳沢さんは空間における地形を含めた物理的なもの、ぼくは空間への意識の向け方が録音行為の主な文脈になっているということですね。

（了）

佐々木敦　一九六四年愛知県生まれ。思考家。作家。音楽レーベルＨＥＡＤＺ主宰。文学ムック『ことばと』（書肆侃侃房）編集長。映画美学校言語表現コース「ことばの学校」主任講師。様々な分野での批評・企画・編集活動をおこない、フィールド・レコーディングを含む音響作品についても多数論じている。本書と関連する著作に『テクノイズ・マテリアリズム』（青土社、二〇〇一）、『(H)EAR』（青土社、二〇〇六）、『これは小説ではない』（新潮社、二〇二〇）などがある。

角田俊也　一九六四年神奈川県生まれ。東京藝術大学美術学部美術研究科大学院修了。九四年頃より空間と意識の関わりを主題とするフィールド・レコーディング作品、インスタレーション作品の制作をおこなっている。おもな展示に「Soundings: A. Contemporary Score（Luke Fowler との共作）」（ニューヨーク近代美術館、二〇一三）、おもな作品に『Low Frequency Observed at Maguchi Bay』（Hibari Music 二〇〇七）などがある。

付録 2

ディスク & ブックガイド

フィールド・レコーディング作品と関連書籍について、本文で取り上げたもの以外をいくつか紹介したい。本書の問題意識と何らかの形で共振する作品や自分がリスナーとして感銘を受けた作品、フィールド・レコーディングをより深く楽しむために参考となる考え方や知識、刺激が得られる書籍を選んだ。

一般的にフィールド・レコーディングと関連していると認識されていないものも含まれるかもしれないし、発売してからすでにかなりの年数が経過していて入手が困難なものもある。あくまで読者がフィールド・レコーディングの世界に興味をもつきっかけのひとつになれば幸いである。

disc review 1

El Tren Fantasma

Chris Watson

Touch
2011

野生生物、自然環境音の録音で知られるクリス・ワトソンだが、この作品では鉄道の音に焦点を当てている。これはロス・モチスからベラクルスまでメキシコを横断する国営鉄道の最後の乗客のひとりとして約一か月間車内に滞在しながら収録した音に基づく作品である。「ギシギシ、ガタガタ」と電車の走行に合わせて響く硬い金属音、長い余韻を伴って響く警笛、周辺の環境音、アナウンスの声まで、さまざまな録音素材を元に再構築された抽象的な音の風景が収録されている。

この作品は純粋な音のドキュメンタリーではなく、「ピエール・シェフェールに触発された」とあるように、録音した音を加工し、重ね合わせたコラージュ作品であり、彼の他作品に比べても作曲の色合いが濃い。例えば、電車の走行音のリズミカルなループに警笛(?)を加工したドローン音が合わさるトラック4〈El Divisadero〉などほとんどエレクトロニック・ミュージックである。それでも全体を通して聴いた印象はやはり「フィールド・レコーディング」なのだと感じる。それは現地の音を素材として作曲した作品であっても、明確なテーマがあり、作品の内容からワトソンの「場所」と向き合う真摯な態度が感じられるからだ。長い旅路を終えて終着駅に着き、鉄道運行の終了を告げるアナウンスを聞いたとき、鉄道に対してそれほど愛着のない私でも何とも言えないノスタルジーを感じた。

disc review 2

Marine Mammals and Fish of Lofoten and Vesterålen

Heike Vester

海中の音は研究者やアーティストの知的・美的な関心を惹きつけ、これまでに多くの作品が制作されてきた。例えば、南極のアザラシの電子音のような鳴き声を捉えたダグラス・クインの『Antarctica』(Miramar 一九九八)、北極圏のバレンツ海で録音した氷河や甲殻類、魚類の音をコラージュしたヤナ・ウィンデレンの『Energy Field』(Touch 二〇一〇)などが挙げられる。この作品は、海洋哺乳類の音響コミュニケーションを専門とする研究者のヘイケ・ヴェスターが、ノルウェーの海中でシャチ、クジラ、イルカ、アザラシ、サメなどの発する音を収録している。録音した音はモンタージュやコラージュなどはせずにそのまま作品化しているようだ。

Gruenrekorder
2009

複数のシャチが餌となるニシンの群れを協働で追い込み捕食するときに発する音が水中に響き渡る空間の描写に衝撃を受ける。ライナーノーツによればResonの水中マイクを用いているとのことだが、これほどの音を録音できたのは彼女が海洋哺乳類の生態を熟知しているためでもあろう。最後のトラックでは、クジラの声に加えて耳障りなボートのエンジン音が響く。ヴェスターは「ボートが出す騒音がクジラの環境を汚染しており、そのコミュニケーションを阻害している」という。この作品は普段聴くことのない海洋哺乳類の音の世界を堪能させてくれるだけでなく、人間による環境破壊に対して音の面から警鐘を鳴らすという啓発的な意義もある。

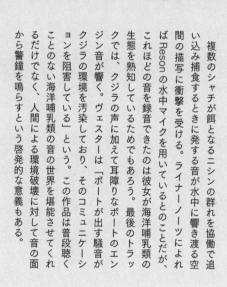

disc review 3

琉球弧の祭祀
——久高島　イザイホー

宮里千里

Basic Function
2016

これは「神の島」として知られる沖縄の久《く》高《だか》島《じま》で一二年に一度おこなわれる祭祀「イザイホー」を記録した録音作品である。「イザイホー」とは、島でおこなわれるさまざまな祭祀を執りおこなう神女（ナンチュ）の就任儀礼のことである。琉球王国の時代から四〇〇年以上にわたり続いてきた「イザイホー」は、この作品に記録された一九七八年を最後に現在までおこなわれていない。それは「イザイホー」への参加要件（島で生まれ育った女性で、島の男性と結婚し、結婚後も島に住み続けていること）を満たす女性がいなくなったためだという。

　この貴重な録音をおこなったのは、一九七〇年代から沖縄・奄美諸島の数々の儀礼・祭祀を録音してきた宮里千里である。愛用していたNagraのテープレコーダーで録音したのだろうか、ただならぬ雰囲気が伝わる神事のダイナミックな音像に圧倒される。多数の女声のユニゾンと手拍子によるコール・アンド・レスポンスは、文化的に近いと言われる東南アジアよりも、むしろサハラ以南のアフリカの祭祀儀礼との共通性を感じさせる。また儀式の真剣さとは対照的な周囲の見物客ののんびりした会話音が時折聞こえるのも良い。マスタリングはレーベル・Basic Functionの主宰者でアーティストの大城真がおこなっており、テープの質感を活かしたものになっている。

disc review 4

Fushan & Taipingshan（福山・太平山）

Yannick Dauby

Kalerne Editions

2021

台湾在住フランス人アーティストのヤニック・ドビが台湾北東部の山地（福山と太平山）で環境音を録音した作品である。彼はこれまで台湾先住民の民俗音楽をドキュメントした作品から、偏愛する蛙の声に焦点を当てた作品、環境音を加工したミュージック・コンクレート作品までフィールド・レコーディングに基づく多数の作品をリリースしてきた。彼の作品に共通して感じられるのは、録音場所の歴史や生態環境、そしてそこに住む人々に対する敬意と愛着の念である。

この作品は、一〇七頁の冊子と二トラック七五分の音源を収めたCDがセットになっており、生物学者、先住民、フォト・ジャーナリスト、レンジャーなど福山と太平山に深く関わってきた人々へのインタビューが英語と中国語で掲載されている。さらに「場所」や「風景」、「フォノグラフィー」などについて記した文章、トラックに収録されている生物種名が具体的な登場時間とともに記載されている。ドビの作品は録音のクオリティーが非常に優れているだけでなく、その文脈がテキストや写真、イラストなど多様なメディアを通して示されていることが特徴である。この作品では彼の民族学的、生物学的な関心とアーティストとしての表現が絶妙に組み合わさっていると感じる。

disc review 5

Victrola Favorites: Artifacts from Bygone Days

V.A.

Dust-to-Digital
2008

　近年SPレコードなどのアナログ音源を発掘、収集し、デジタル化した作品のリリースが続いている。その中心的なレーベルのひとつがアメリカのDust-to-Digitalである。この作品では一九二〇年代〜五〇年代のSPレコードの音源を収録した二枚のCDが重厚な装丁のハードカバー（レコードレーベルや蓄音機の写真がフルカラーで掲載されている）に収められている。編纂をしたのは、音楽家でSPレコードの収集家でもあるロバート・ミリスとジェフェリー・テイラーである。

　こうした発掘音源集は、東南アジア、アフリカなど特定の地域や国で括って作品化することが多いように思うが、ここでは、中国の広東オペラ、ビルマのギター音楽、ペルシャのフォークソング、アメリカのヒルビリーミュージック、日本の民謡などジャンルも地域も一貫性がない楽曲が収録されている。これは一九二〇年代の「蓄音機パーラー（ジュークボックス）」のリスニング体験を意図したものであるようだ。あるいはミリス氏の家でお気に入りのレコードを次々に聴かせてもらうような体験とも言えるだろう。SP盤固有のノイズはあまり目立たないため聴きやすく、収録された楽曲はどれも素晴らしい。現地でSP盤を収集するエピソードも少し紹介されているが、このような過去の音源を発掘、収集して作品化する行為も広い意味での「フィールド・レコーディング」と言えるのかもしれない。

disc review 6

Heard Laboratories

Ernst Karel

and/OAR
2010

本作はハーバード大学の科学実験室内の音を捉えた作品である。作者のアーンスト・カレルは音と映像のアーティストであり、『リヴァイアサン』(二〇一二)など実験的なドキュメンタリー映画のサウンドデザインの仕事でも知られている。この作品では、実験室内の機械や装置が発する音をショップスのカーディオイドマイク(ORTFステレオ方式)で録音しており、その圧倒的な解像度のサウンドスケープに驚愕する。想像していたような単調で無機質な音ではなく、まるで人間が作りだした知的生命体が活動を始めるプロセスを聴いているかのような躍動感と高揚感を感じる。もちろんこのように聞こえるのは、「constructed from unprocessed recordings」と書かれているように、録音素材を基に「再構成」しているためでもあるだろう。

ライナーノーツには、録音をおこなった各実験室の名称と実験内容などの情報、編集点が簡潔に記されている。また作品のウェブサイトによれば「さまざまな機械や装置の音を通して、高度に技術化された社会の基盤となる科学研究の物理的なプロセス(そこでは人類の発展の名の下に、膨大な資源が費やされ、消費されている)に注目させる」と記されている。実験室という「フィールド」の音に着目する背景には、このような「科学技術」に対する作者の視点がある。カレルが主張する「音響民族誌」の多様な可能性を感じさせてくれる作品である。

disc review 7

I am sitting in a room

Alvin Lucier

Lovely Music
1981

実験音楽の巨匠アルヴィン・ルシエの代表作のひとつとして知られる作品である（作曲は一九六九年、初演は一九七〇年）。この作品は、部屋のなかでルシエが自分のスピーチ（作品内容の説明）を録音し、その録音したテープを同じ部屋のなかで再生して別のレコーダーで再び録音する。この録音、再生のプロセスを繰り返していくと、部屋の形状などに応じて決まる共振周波数によって、特定の周波数の音が強調され、それ以外の周波数の音は減衰する。その結果として、言葉は徐々にその形を失い、部屋の響き（定在波）のなかに溶解していく。こうしたプロセスを記録した作品である。

　意味を剥奪されたルシエの言葉は、まるで水のなかから聴いているかのように、くぐもりながら反響して響く。そして、最終的にリズミカルな声の抑揚のみが残る。それは予想を超えて音楽的な響きである。フィールド・レコーディングがある場所の変化のプロセスを音の面から記録しているのだとすると、この作品に記録されているのはルシエ自身の声（の変化）を通して顕わになるその場所の特質ではないか。それは部屋のさまざまなモノに刻まれた過去の痕跡としての歴史でもある。その意味でこの作品のリスナーは部屋のなかに幾重にも折り重なった過去の響きが亡霊のように炙り出されるプロセスを聴いているのかもしれない。

disc review 8

Low Frequency Observed at Maguchi Bay（間口港の低周波）

角田俊也

Hibari Music
2007

三浦半島の間口港の防波堤に伝わる低周波をコンタクトマイクで録音した作品である。強い振幅の低周波に加えて、時折モノがぶつかる音、セミや鳥の鳴き声、周囲の人の声も聞こえる。港の漁師に聞いたところ、この辺りの海底は起伏が激しい荒磯で、防波堤や消波ブロックを置かないと波が暴れ、港にならなかったという。つまり、この低周波音の音源は海底に押し寄せる波である。角田はこの低周波を、その場所（漁港）の成り立ちを示すものとして解釈する。

このCDは、奇数番号のトラックには元の音源が、偶数番号のトラックには、元の音源から20ヘルツ以下の超低周波のみを抽出したものが収録されている。人間の可聴周波数の下限は20ヘルツであるため、後者のトラックはヘッドフォンで再生しても音はほとんど聞こえない。しかし、スピーカーで再生するとウーファーが大きく振動しているのが視覚的（触覚的）に確認できる。なお上記の漁師の語りはライナーノーツには記載されていない。つまり、リスナーは録音とその場所の成り立ちをロジカルに結びつけて聴くことはできない。角田自身がそうであったように、この作品を通してリスナーはある場所の奇妙な響きと出会い、それが一体何であるのか考えをめぐらすことになるのである。

disc review 9

Bonjour Hawaii

V.A.

bonjour recording
2001

LITTLE CREATURES、Double Famous（現在は脱退）、KAMA AINAなどの名義でも数々のリリース作がある青柳拓次によるプロデュース作で、ハワイの音楽を現地録音した作品である。ジョン・ケアヴエ、ローナ・リムなど現地のミュージシャンに加えて、山内雄喜、栗林慧、高田漣といった日本のミュージシャンも参加しており、伝統的な曲に加えて新たに創作したと思われる現代的な楽曲も収録されている。

ハワイアンと言うとそれまで「フラダンスにウクレレのゆるい音楽」というイメージしかなかったが、このCDを聴いてそのイメージが根底から覆された。スラックキー・ギターなどの弦楽器と歌のシンプルな組み合わせが多いが、繊細さと力強さを同時に感じる音楽である。録音も非常にクリアで個々の楽器の音と情感豊かな歌声のバランスもよく、美しく捉えられている。曲の合間にハワイの環境音や奏者の会話の音声などが入っているのも現地の雰囲気が感じられて良い。ライナーノーツには、使用されたポータブル録音機器（RODE NT3とTASCAM DA-P1）の写真が載っている。このようなシンプルな機材でこれほどの音が録音できることに録音に興味を持ち始めた当時の私はとても勇気づけられたのを覚えている。現地の日常的な空間のなかで録音されたのであろう、友人の家に呼ばれてその場のノリで音楽が奏でられた瞬間を聴いているような親密でリラックスした情景が伝わってくる。

disc review 10

natural history & Ruhr

James Benning

Edition Filmmuseum
2014

ジェームス・ベニングは、自然・郊外・都市の風景をフィックス（固定撮影）・長回しによって撮影する手法で多数の映像作品を制作してきたアメリカの実験映像作家である。この作品は、ベニングがそれまで使っていた一六ミリフィルムでなく、デジタルで制作した初めての作品となる。二枚組のDVDに四編の作品が収録されているが、とくに印象的だったのは、ドイツの工業地帯ルール地方で撮影された「Ruhr」という作品である。この作品は二時間あるのだが、わずか七つのカットから構成されており、ひとつのカットは数分から長いもので一時間ほどある。その映画的な時間を遥かに超えて映し出される「風景」を視聴者は文字通り体験するのである。

なかでもとくに感銘を受けたカットがある。地面から見上げるようなアングルで木々の隙間から空が覗いている。ほとんど静止画のようだが、目を凝らすといくつかの葉っぱがかすかに揺れているのに気づく。何分か経って、飛行機が上空を轟音とともに通過する。その数十秒後に木々が揺れ始め、木の葉が落ちる。言ってみればそれだけのシーンだが、そこに記録されたイメージ（音を含む）のなんと美しく、豊かなことか。それを実現しているのは、ベニングの並外れた観察眼と「風景」を捉える技術である。そしてその「風景」には、その土地の歴史や生態、社会、権力などさまざまな文脈が幾重にも織り込まれているのだ。

book review 1

野生のオーケストラが聴こえる
―サウンドスケープ生態学と音楽の起源

バーニー・クラウス著　伊達淳訳

みすず書房
2014

著者のバーニー・クラウスは、もともと一九六〇年代半ばに「ビーヴァー&クラウス」などで活躍したミュージシャンである。自然の音に魅了されたクラウスは、四〇歳の時に音楽業界を去り、大学院に進学し、博士号を取得する。その後、世界各地の生態系のサウンドスケープを録音、分析し、健全な生息環境ではそれぞれの生物種は周波数帯域ごとに棲み分けているという「音のニッチ仮説」を提唱するなど、音響生態学の第一人者として知られるようになる。

本書の特徴は、文章と対応した極めて高品質な録音を特設ウェブサイトで聴くことができる点にある。例えば、録音中に野生のジャガーの接近に気づかずその唸り声を聴いたという時の音源を聴くと、その生々しい音からゾッとするほどの緊張感が伝わってくる。また生態環境の音を、バイオフォニー（人間以外の生物が発する音）、ジオフォニー（非生物が発する自然の音）、アンソロフォニー（人間が発する音）に分類し、増大するアンソロフォニーがいかにバイオフォニーに悪影響を与えているかをさまざまな事例を挙げて説明する。クラウスは生粋のナチュラリストであり、その筆致からは自然（音）礼賛的な傾向を感じる部分もあるが、この本は生態系のサウンドスケープを包括的に論じた他に類を見ない書籍であり、自然の音、文化の音、自然環境とそれらの関係性に興味もつ人にとって必読の書と言えよう。

book review 2

あいたくて　ききたくて　旅にでる

小野和子 著

PUMPQUAKES
2020

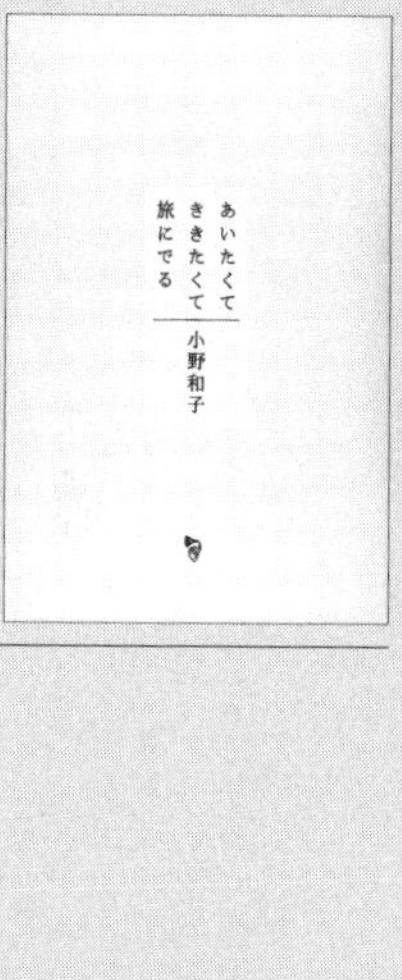

最初の数ページを読んだだけで、これは途轍もない本だという予感がした。そしてその予感は読み進むほどに確信に変わっていった。一つひとつの文章が凛とした佇まいを持っていて、すっと自分のなかに入ってくる。このような読者体験はとても稀である。

この本は、著者が三〇代半ばの一九六九年から数十年にわたり、一人で東北地方の集落を巡り歩き民話の「採訪」をおこなう話である。著者は、民話の「採集」や「採話」ではなく、「採訪」という言葉を使う。それは「語ってくださった方」と「語ってもらった民話」が切り離せないものと考えているからである。またこの言葉には、「《聞く》ということは、全身で語ってくださる方のもとへ《訪《おとな》う》こと」という思いが込められているという。

民話を求めてあてもなく集落を渡り歩く「採訪」のエピソードは、時代も場所も立ち位置もその深さも比較にならないとはいえ、私がゴングを求めてベトナム中部高原の村々を巡っていた時の記憶が思い出されて、共感できることが多かった。民話には語り手の苦難の人生や共同体の歴史が刻印されている。だからこそ同じ民話でもその「語られ方」にはさまざまなヴァリエーションがあるのだ。本書は、とくに「音楽」や「語り」など人を対象としたフィールド・レコーディングをおこなう上で大きな示唆が得られるだろう。手元に置いて何度も折に触れて読み返したい本である。

book review 3

野鳥を録る
──野鳥録音の方法と楽しみ方

松田道生 著　蒲谷鶴彦 監修

東洋館出版社
2004

野鳥録音について、録音機材とその使いこなし、野鳥の識別方法、録音の心構え、録音の編集方法、声紋分析までその道のプロが実践的に解説した本である。監修者の蒲谷鶴彦は大英図書館音響アーカイヴにも録音が収蔵されている野鳥録音の大家である。文章はとても読みやすく、写真やイラストが豊富に入っているのも良い。出版年の関係で紹介されている機材の情報がやや古く感じるのは仕方がないとして、野鳥の行動や習性をふまえた数々の録音術は大いに参考になる。例えば、「木の梢でさえずっている野鳥を録音するときは、マイクをできる限り地面に近いところに置き、空抜きになるようにして録るとよい」「ステレオ感のある録音は、草原など開けた環境のほうがより効果的な雰囲気で録れる」など野鳥録音に限らず、フィールド・レコーディングに活用できるさまざまなテクニックやコツが紹介されている。ところで野鳥録音のコツは「1に早起き、2に早起き、3、4がなくて5に早起き」という。早起きが苦手な私には耳の痛い話である。

book review 4

これは小説ではない

佐々木敦 著

新潮社
2020

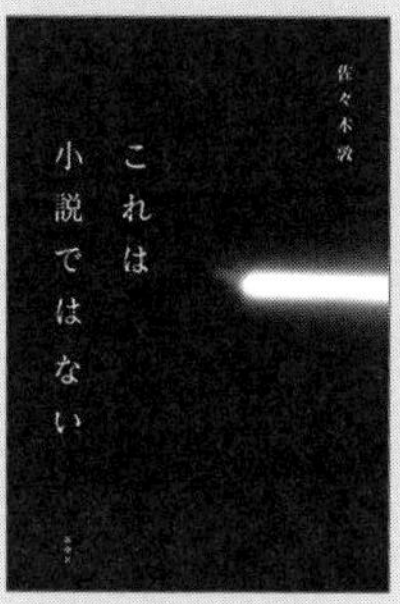

映画、音楽、文芸、演劇、アートまで多岐にわたるジャンルを横断しながら批評活動をおこなってきた佐々木敦が、それらのジャンルの先端的な表現を通して「小説」というものがどのようなものでありうるのか、その可能性の臨界を探った本である。したがって本書は、その題名が示す通りではあるのだが、具体的な小説家や作品（小説）はほとんど登場せず、映画、写真、音楽、演劇といった小説以外のジャンルの先端的な作品が主な題材となっている。この本の第四章「音／楽は小説ではない」のなかで、フィールド・レコーディングをひとつの中心軸にした考察が展開される。なおここでのフィールド・レコーディングに関する考察は、二〇〇六年出版の『(H)EAR——ポスト・サイレンスの諸相』における論考を土台として、さらに発展させたものとなっている。「録音された声＝語り」をめぐり、本書で紹介した『うみなりとなり』を起点に、スティーヴ・ライヒの『ディファレント・トレインズ』、小森はるかと瀬尾夏美のドキュメンタリー映画、岸政彦の生活史の調査、佐々木喜善の『聴耳草紙』まで、多ジャンルの作品が接続されて、フィールド・レコーディングの文学＝聴耳文学の構想にいたる展開は、長年ジャンル横断的な批評活動をおこなってきた著者だからこそ成しえた独創性な考察である。本書は著者のこれまでの批評活動の集大成的な作品としても位置付けられる。多くの人に読んでもらいたい本である。

book review 5

［新装版］世界の調律
──サウンドスケープとはなにか

R・マリー・シェーファー 著　鳥越けい子・小川博司・庄野泰子・田中直子・若尾裕 訳

平凡社
2022

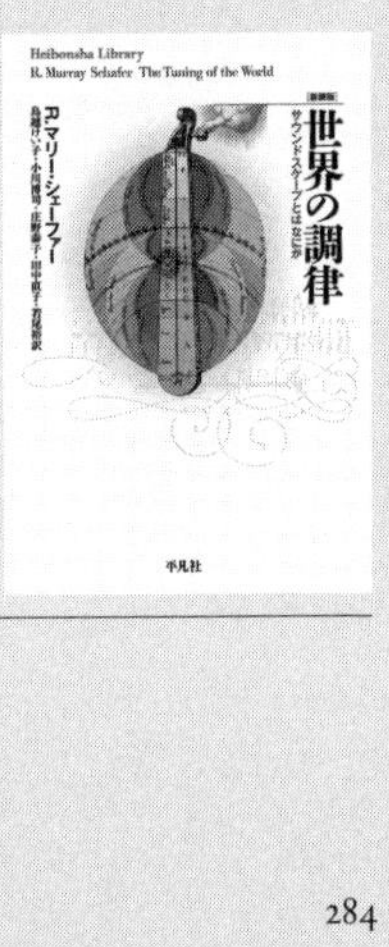

　原著の出版が一九七七年、訳書の初版刊行が一九八六年とすでにかなりの年月が経ち、サウンドスケープという言葉は、学術、芸術、デザイン、批評まで幅広く使われるようになった。ただし、提唱者のシェーファー自身もその定義に揺れがあったように、サウンドスケープは固定的、一義的な意味というより、使う者や文脈によって異なる意味をもつ多義的で、流動的な概念と言えるだろう。シェーファーの主著であるこの本は、文学、哲学、歴史学、生物学、音響学など多様な知見を踏まえた壮大な音の思想書となっている。シェーファーは、個々の音がはっきり聞き取れる「ハイファイ」な田舎のサウンドスケープを理想とし、増大する「騒音」により微細な音がかき消され、遠近感が失われた都市の「ローファイ」なサウンドスケープを改善すべき音環境として否定的に捉える。

　当時の時代背景を考えればシェーファーの思想と実践にはさまざまな点で大きな意義があった。ただし、現代のフィールド・レコーディングの観点からすれば、本書の4章で述べたように、都市の音環境を超音波や電磁波を含む多様な波動が交錯する実験、創造の場として肯定的に捉えることもできるだろう。本書は長らく入手困難であったが、二〇二二年一月に新装版が刊行された。提唱されて半世紀近くの歳月が経ったサウンドスケープの思想を現代の視点からあらためて読み直す機会としたい。

book review 6

音と耳から考える
――歴史・身体・テクノロジー

細川周平 編著

アルテスパブリッシング
2021

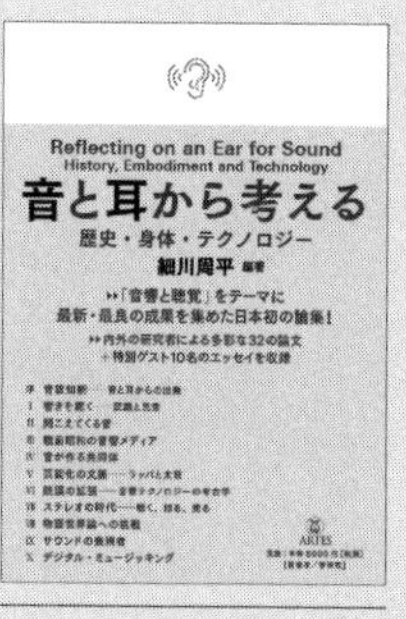

この本は国際日本文化研究センターの共同研究「音と聴覚の文化史」の報告書であり、共同研究メンバーによる三二の論考とゲストによる一〇のエッセイが収められている。従来、「音」、「聴覚」の研究と言えば、音響学や音響心理学など理系の分野が中心であった。一方、近年、英語圏ではサウンドスタディーズと呼ばれる「音」や「聴覚」をめぐる人文・社会科学を中心とする学際的な研究分野が音研究のひとつの潮流となっており、その主要な文献であるジョナサン・スターンの『聞こえくる過去』は翻訳書として日本でも出版された。本書はそうした国際的な動向とも部分的に関係を保ちつつ、日本における音研究の拡がりを示すものとしても捉えられる。

論考のテーマは、水中の音、民族楽器、祭祀の音、民俗音楽、芸能の音、病院や温泉地の音楽実践、電話、ラジオ放送、有線放送、拡声器、補聴器、騒音、音と戦争、映画やゲームの音、サウンドアートまで多岐にわたる。なお私はフィールド・レコーディング作品に関する短いエッセイを寄稿している。六〇〇頁を超える分厚い学術書ではあるが、一つひとつの論考は比較的短くまとまっており、難解なものは少ないと思うのでひるまずに読んでもらいたい。「音」や「音楽」に関心があるあらゆる人におすすめの本である。

book review 7

世界の不思議な音
——奇妙な音の謎を科学で解き明かす

トレヴァー・コックス 著　田沢恭子 訳

白揚社
2016

建築音響学者である著者が不思議な音がする場所を求めて世界中を旅する科学エッセイである。ロンドン地下の下水道から、古い教会、コンサートホール、巨大な貯水槽、古代の遺跡、オーストラリアの乾燥林、ストーンヘンジ、カリフォルニアの砂丘、無響室、ビッグ・ベンの鐘、公共空間に設置された音響彫刻やサウンドアートなど、自然の音から人工的な音まで著者の音に対するただならぬ情熱が伝わってくる。著者は音の印象を感覚的に描写するだけでなく、なぜそのような響きがしているのかを音響学の知識をもとに図解を交えて科学的に解説する。さらに人工的な建造物の場合、その響きが意図的に作られたものなのか、それとも偶然そのような響きになっているかといったところまで考察は及ぶ。

著者は残響が極端に長い（短い）場所や独特な反響（エコー）がする場所に惹きつけられるようである。つまり、特定の音源よりも場所や空間の響きに関心がある。また風船を破裂させて残響時間を測定する記述がしばしばみられるのがいかにも音響学者らしい。この本には残念ながら日本の事例は登場しないが、著者ならどのような場所に注目するだろうか。普段意識しないだけで、我々の身近な環境にも「不思議な音」がする場所はきっとあるはずだ。そうした自分だけの特徴的な響きを探しに散歩に出かけてみようと思わせてくれる本である。

book review 8

In the Field: The Art of Field Recording

Cathy Lane, Angus Carlyle 編

Uniformbooks
2011

ロンドン芸術大学CRiSAP教授でフィールド・レコーディング作品を制作するアーティストでもあるアンガス・カーライルとキャシー・レーンが一八名のアーティストに対しておこなったインタビュー集である。インタビュイーはフランシスコ・ロペス、クリスティーナ・クービッシュ、スティーブン・フェルドなど本書で取り上げたアーティストが多く含まれる。編者はこの本の冒頭でいくつかの問いを提起する。例えば、「どのようなきっかけでフィールド・レコーディングを始めたのか」「自分の存在が録音のなかに表れることをどのように考えるか」「その場所や音にどのような魅力を感じて録音したのか」などである。これらの問いはインタビューのなかでさまざまな形で問いかけられ、語られることになる。

編者は「フィールド・レコーディングにとって〈フィールド〉をどのように定義するかは、少なくとも録音がどのように達成されたのかと同じぐらい重要である」と興味深い主張をしている。ただし、この点に関して編者の考えが具体的に示されていない点は少し物足りなく感じた。この本はさまざまなアーティストのフィールド・レコーディングの多様な実践や考え方を紹介することを通して、その魅力を存分に伝えてくれる貴重な書籍であることは間違いない。

book review 9

Animal Music : Sound and Song in the Natural World

Tobias Fischer, Lara Cory 著

Strange Attractor Press
2015

動物は我々人間と同じように「音楽」を楽しんでいるのか？　このような問いに対して、これまでに多くの研究者がさまざまな観点から学術的に取り組んできた。動物が発する音は、「言語」なのか、「歌」なのか、あるいは単なる生物学的表現なのか。この本は、シャーマニズム、オリヴィエ・メシアン、動物音楽学（zoomusicology）、カエルやクジラ、エビが発する音、ネコの鳴き声、ゾウの発する超低周波音、コウモリの超音波など多岐にわたるトピックを題材に、さまざまな動物が音を通してどのように世界を知覚し、互いにコミュニケーションを取っているのか、その意味を考察していく。

随所に学術的な知見を取り入れつつも、著者も含めて基本的には非アカデミックな立場の人々の考察や実践をもとにしたエッセイであり、専門的な用語は少なく、平易な語り口で書かれているため読みやすい。またクリス・ワトソンやヤニック・ドビといった生物の発する音の録音作品で知られるアーティストへのインタビューなどもあり、その録音方法やポスト・プロダクションの考え方などを知ることができる。この本に付属のCDは本書でもリリース作品をいくつか紹介したレーベルGruenrekorderが編集をおこなっており、生物の音に焦点を当てた優れたフィールド・レコーディングのコンピレーションアルバムとなっている。

Writing the Field Recording: Sound, Word, Environment

Stephen Benson, Will Montgomery 編

Edinburgh University Press
2018

この本はフィールド・レコーディングと文学との関係性に焦点を当てている。編者の一人、ウィル・モンゴメリーは英米文学を専門とする研究者で、イギリスの実験音楽雑誌『Wire』にも寄稿している人物である。本書は「フィールドを開く」、「フィールドの詩学」、「フィールドの実践」の三部から構成されている。小説家ジョン・バージャーのエッセイ「フィールド」を起点に、現代のテキストスコア、作曲家の主張、批評文学、詩、ネイチャーライティングなどを分析し、文学とフィールド・レコーディングの親和性、言葉と音の関係性などを論じた一一のエッセイを収録している。

第二部では、詩をテーマにした多くのリリース作がある作曲家マイケル・ピサロのエッセイが収録されている。ピサロによれば、「フィールド・レコーディング、作曲、詩は、それぞれが一種の翻訳を含む記述形式である」という。そして、ウォレス・スティーブンスの同名の詩に触発されたフィールド・レコーディングと打楽器音による作品『July Mountain』(Gravity Wave 二〇一〇)や角田俊也との共作『crosshatches』(Erstwhile 二〇一二)などを挙げて、環境音と楽音、文学作品との出会いが切り開く可能性について考察する。文章がやや難解に感じる部分もあったが、音による表現と言葉による表現の違いや親近性、相互関係について多くの示唆を与えてくれる本である。

あとがき

フィールド・レコーディングは分野によっても、実践者によってもそれぞれ異なる関心や方法、目的があるだろう。本書はあくまで私の経験、関心から、フィールド・レコーディングの考え方と実践の一端を紹介したに過ぎない。例えば、作曲、即興演奏との関わり、展示など、私自身の知識・経験が乏しい領域についてはほとんど取り上げることができなかった。なお本書に記した私の考えは執筆開始時点ではそれほど明確だったわけではない。本書を執筆する過程でこれまでの録音活動を振り返ったり、他のアーティストの作品や考えに触れたりすることで徐々に形を成していったのである。そして私にとってのフィールド・レコーディングとは、自分なりの主観性あるいは、世界に対する眼差し、態度のようなものを録音という実践を通して形作っていくことにあるのだと考えるようになっていった。それは私自身の生き方そのものに関わることでもあるだろう。

私のこれまでの録音活動もすべては紹介することができなかった。例えば、笹島裕樹氏との共作『Jōgashima』（Very Quiet Records 二〇一五）、場所の響きに焦点を当てた映像作品の制作、北海道の芽武《めむ》を拠点とする東京大学のリサーチプロジェクト「memu earth lab」における活動などは取り上げることができなかった。これらのことはまた別の機会に紹介したいと考えている。またカンパニー社より二〇二二年発売予定の津田貴司編著『フィールド・レコーディングの現場から』に対談者の一人として参加している。本書とは異なる視点からフィールド・レコーディングの魅力を伝える本になっていると思うので、是非合わせて読んでいただければ幸いである。

これまでの録音活動でお世話になった方一人ひとりのお名前を挙げることは難しいが、とくに本書の執筆および元となる録音活動に関してお世話になった方のお名前を挙げて感謝の気持ちを示したい。まず大学院時代の恩師である平松幸三先生に心から感謝したい（いただいたダミーヘッドは現在もよく使用している）。また『うみなりとなり』を共作した岩田茉莉江氏に感謝の気持ちを伝えたい。参考資料を提供していただいた金子智太郎氏、ヤニック・ドビ氏、アンガス・カーライル氏、本書の一部を発表し、貴重なコメントをいただいたサウンド・スタディーズ研究会（主宰：中川克志氏）の皆様、過去に指導した同志社大学文化情報学部音文化研究室のゼミ生の皆さん、京都、ベトナム、南大東島、北海道などでお世話になった方々、音源掲載を快く許可していただいたレーベルオーナー、協力していただいたすべての方々に心より謝意を示したい。

また著者の意図を汲んだブックデザインをおこなっていただいた大田高充氏、素敵なカバー・

扉写真を提供していただいたエレナ・トゥタッチコワ氏に深く感謝したい。そして、鼎談を収録させていただいた佐々木敦氏と角田俊也氏に心より感謝申し上げる。学生の頃に佐々木氏が主宰するレーベルや執筆する文章などを通してさまざまな音楽を聴いてきた経験が今の自分の基礎になっている。そしてその延長線上で、角田氏の作品と出会ったことがフィールド・レコーディングを始めるきっかけとなったのである。

この本でフィールド・レコーディングの魅力を十分に読者に伝えることができたかは心許ないが、ともかく一冊の書籍にまとめることができたのは、担当編集者である沼倉康介氏の的確なサポートがあったからである。心より御礼を申し上げる。

最後に私の活動をいつも応援してくれる妻と笑顔を振りまいてくれる娘に感謝したい。

二〇二二年　三月吉日

柳沢英輔

長嶺章子「保育内容「表現」の授業におけるサウンドマップづくりの効果と課題──自由記述の分析から」『植草学園短期大学研究紀要』19巻1号、2017年、21–31頁.
福井健策『著作権とは何か──文化と創造のゆくえ』集英社新書、2005年.
松田道生『野鳥を録る──野鳥録音の方法と楽しみ方』蒲谷鶴彦(監修)、東洋館出版社、2004年.
日本音響学会「音の何でもコーナー 74」https://acoustics.jp/qanda/answer/74.html
文化庁ホームページ「いわゆる「写り込み」等に係る規定の整備について」https://www.bunka.go.jp/seisaku/chosakuken/hokaisei/utsurikomi.html
平成19年(ネ)第10003号出版差止等請求控訴事件　知財高裁平成19年5月31日判決 https://www.jfpi.or.jp/files/user/pdf/data/Chizai_no17.pdf
Behrendt, Frauke. 2018. Soundwalking. In Michael Bull (ed) *The Routledge companion to sound studies*, pp. 249–257. Routledge.
Freeman, Jason. et al 2011. Soundscape Composition and Field Recording as a Platform for Collaborative Creativity. *Organised Sound* 16(3): 272–281.
Lassiter, Luke Eric. 2005. *The Chicago Guide to Collaborative Ethnography*. University of Chicago Press.
freesound: https://freesound.org/
Nature Soundmap: https://www.naturesoundmap.com/
Pioneer「Global Sounds」: https://jpn.pioneer/ja/support/pcperipherals/app/iapp_globalsounds/jp.html
radio aporee maps-sounds at the world: https://aporee.org/maps/
salad「piipiipii」: https://saladsound.com/piipiipii/

|コラム、付録|

岩宮眞一郎『図解入門──よくわかる最新音響の基本と仕組み』秀和システム、2007年
阪本裕文「仮象としての「風景」」『「風景／仮象──ジェームス・ベニング特集」リーフレット』同志社大学寒梅館、2012年.
沢口真生『サラウンド入門』東京藝術大学出版会、2010年.
八板賢二郎『マイクロホンバイブル』兼六館出版、2013年.
三研マイクロホン「Q&A 特性の見方」: http://www.sanken-mic.com/qanda/index.cfm/10.64
Auido Technica「マイクロホンを識る」https://www.audio-technica.co.jp/microphone/navi/whatis/index.html
DPA MICROPHONES「HOW TO READ MICROPHONE SPECIFICATIONS」: https://www.dpamicrophones.com/mic-university
SHURE「マイクロホンの仕様を理解する」: https://www.hibino-intersound.co.jp/shure_wmic/149.html

Lane, Cathy. & Angus Carlyle(eds) 2013. *In the Field: The Art of Field Recording*. Uniformbooks.
BBC earth「Breathing life into our world」: http://www.bbc.com/earth/story/20160331-the-worlds-loudest-animal-might-surprise-you
「Choosing a Hydrophone For Field Recording」: https://www.zachpoff.com/resources/choosing-a-hydrophone-for-field-recording/
Dunn, David「Microphones, Hydrophones, Vibration Transducers: Rolling Your Own」: https://www.zachpoff.com/site/wp-content/uploads/David-Dunn-Microphones_Hydrophones_Vibration-Transducers__Rolling_Your_Own__Dunn2007.pdf
Kubish, Christina「electrical walks」: https://christinakubisch.de/electrical-walks

第5章

コックス、ルーパート「2013年度20周年記念シンポジウム報告:ルーパート・コックスによる講演」平松幸三(訳)『サウンドスケープ』16号、2015年、13–15頁.
フェルド、スティーブン『鳥になった少年──カルリ社会における音・神話・象徴』山口修・卜田隆嗣・山田陽一・藤田隆則(訳)、平凡社、1988年.
フェルド、スティーブン「音響認識論と音世界の人類学──パプアニューギニア・ボサビの森から」山田陽一(編訳)『自然の音・文化の音──環境との響き合い』昭和堂、2000年、26–63頁.
Cusack, Peter. 2013. Field Recording as Sonic Journalism. In Angus Carlyle & Cathy Lane (eds) *On Listening*, pp. 25–29. Uniformbooks.
Feld, Steven. 1995. From Schizophonia to Schismogenesis: The Disscourse and Practices of World Music and World Beat. In George Marcus and Fred Myers (eds) *The Traffic in Culture: Refiguring Art and Anthropology*, pp. 96–126. University of California Press.
Feld, Steven & Donald Lawrence Brenneis. 2004. Doing Anthropology in Sound. *American Ethnologist* 31(4): 461–474.
Stern, Barbara B. 1992. Historical and Personal Nostalgia in Advertising Text: The Fin de Siècle Effect. *Journal of Advertising* 21(4): 11–22.
CRiSAP「Air pressure」: https://www.crisap.org/research/projects/air-pressure/
Sounds From Dangerous Places「Field recording as sonic journalism」: https://sounds-from-dangerous-places.org/sonic-journalism/

第6章

クラウス、バーニー『野生のオーケストラが聴こえる──サウンドスケープ生態学と音楽の起源』伊達淳(訳)、みすず書房、2013年.
クリフォード、ジェイムズ/ジョージ・マーカス(編)『文化を書く』春日直樹ほか(訳)、紀伊国屋書店、1996年.

ルテスパブリッシング、2021年、450–465頁.
柳沢英輔『ベトナムの大地にゴングが響く』灯光舎、2019年.
ヒビノインターサウンド「マイクロホンの基礎知識」: https://www.hibino-intersound.co.jp/dpa_microphones/3369.html
Chion, Michel . 1994. *Audio-Vision: Sound on Screen*(trans) Claudia Gorbman, Columbia University Press.
La Blogothèque「Tenniscoats テニスコーツ」: https://www.blogotheque.net/articles/tenniscoats
Tenniscoats | Baibaba Bimba | A Take Away Show: https://youtu.be/P2rtqVma_Ww

第4章

大橋力『音と文明──音の環境学ことはじめ』岩波書店、2003年.
大橋力『ハイパーソニック・エフェクト』岩波書店、2017年.
岡崎峻「聞きえないものを聞く──水面下の音がもたらす知覚と想像力」『音と耳から考える』細川周平(編)、アルテスパブリッシング、2021年、64–77頁.
海洋科学技術センター横浜研究所情報業務部情報業務課「シロナガスクジラの遠距離通信とサウンドチャンネル」『Blue Earth: 海と地球の情報誌』14巻4号、2002年、36-37頁.
佐々木敦『(H)EAR──ポスト・サイレンスの諸相』青土社、2006年.
竹村暘『水生動物の音の世界』日本水産学会(監修)、成山堂書店、2005年.
田村治美、堀田健治、山崎憲「日本の伝統楽器に含まれる超音波の文化への関与性に関する検討」『東洋音楽研究』76号、2011年、48–69頁.
角田俊也「Creative Music Festival レクチャー「フィールド録音〜私の場合」」配布資料、2017年.
仁科エミ「ハイパーソニック・エフェクトの発現メカニズムに関する研究の進展(〈小特集〉超高周波音の効果に関する最近の話題)」『日本音響学会誌』65巻1号、2008年40–45頁.
柳沢英輔「MJテクニカルレポート 南大東島の自然と人をとらえた録音作品「うみなりとなり」フィールドレコーディングの報告」『MJ 無線と実験』2018年8月号(通巻1146号)、誠文堂新光社、2018年、120–123頁.
フジプランニング「ピーターソン・バットディテクター」: http://www.din.or.jp/~fpc/Ptr/bdtctr.htm
Desjonqueres, Camille., et al. 2015. First description of underwater acoustic diversity in three temperate ponds. *PeerJ*, 3, e1393.
Kumeta Masahiro, Takahashi Daiji, Takeyasu Kunio and Yoshimura Shige H. 2018. Cell type-specific suppression of mechanosensitive genes by audible sound stimulation. *PLoS ONE*, 13(1), e0188764.

Lomax the Songhunter: http://archive.pov.org/lomax/background/
London Street Noises: https://londonstreetnoises.co.uk/
Sonic Legacies: Ludwig Koch and the Sound of the Environment: https://youtu.be/dJavHPqA7nM
Truax, Barry「Soundscape Composition」: https://www.sfu.ca/~truax/scomp.html

第2章

石上文正「「環境」の定義について」『人間と環境 電子版』1巻、2011年、1–19頁.
インゴルド、ティム『生きていること──動く、知る、記述する』柴田崇・野中哲士・佐古仁志・原島大輔・青山慶・柳澤田実(訳)、左右社、2021年.
大友良英『MUSICS』岩波書店、2008年.
ギブソン、J.J.『生態学的視覚論──ヒトの知覚世界を探る』サイエンス社、1986年
杉山紘一郎「風の響きにふれる──エオリアン・ハープの実践」『芸術科学会論文誌』7巻4号、2008年、170–180頁.
日本音響学会(編)『音のなんでも小事典──脳が音を聴くしくみから超音波顕微鏡まで』講談社、1996年.
メルロ=ポンティ、モーリス『知覚の現象学2』竹内芳郎・木田元・宮本忠雄(訳)、みすず書房、1974年.
ユクスキュル、ヤーコプ・フォン/ゲオルク・クリサート『生物から見た世界』日高敏隆・羽田節子(訳)、岩波文庫、2005年.
リクト、アラン『SOUND ART──音楽の向こう側、耳と目の間』木幡和枝(監訳)、荏開津広・西原尚(訳)、フィルムアート社、2010年.
ロペス、フランシスコ「エンバイラメンタル・サウンド・マター」金子智太郎(訳)『Ambient Research vol.2』2010年、7–12頁.
日本音響学会「音の何でもコーナー 185」: https://acoustics.jp/qanda/answer/185.html
Hankins, Thomas Leroy and Robert J. Silverman. 1995. *Instruments and the Imagination*. Princeton University Press.
Flint, Tom「Chris Watson: The Art Of Location Recording」: https://www.soundonsound.com/techniques/chris-watson-art-location-recording
Lopez, Francisco: http://www.franciscolopez.net/env.html
Wyse, Pascal「A boom on the wild side」: https://www.theguardian.com/film/2007/jan/31/music.features

第3章

シオン、ミシェル『映画にとって音とは何か』川竹英克、J.ピノン(訳)、勁草書房、1993年.
長門洋平「映画にとって「物語世界の音」とはなにか──ヤン・シュヴァンクマイエル『アリス』を例に」『音と耳から考える──歴史・身体・テクノロジー』細川周平(編)、ア

法」『日本音響学会誌』75巻8号、2019年、473–480頁.
成田和子「音楽研究グループGROUPE DE RECHERCHES MUSICALESにおける電子音響音楽:ミュジック・コンクレート──アナログからディジタルへ」東京音楽大学『研究紀要』21号、1997年、43–64頁.
沼野雄司『現代音楽史:闘争しつづける芸術のゆくえ』中公新書、2021年.
堀川三郎「場所と空間の社会学──都市空間の保存運動は何を意味するのか」『社会学評論』60巻4号、2010年、517–534頁.
松村正人『前衛音楽入門』Pヴァイン、2019年.
山内文登「方法としての音──フィールド・スタジオ録音の「共創的近代」論序説」『音と耳から考える──歴史・身体・テクノロジー』細川周平(編)、アルテスパブリッシング、2021年、172–185頁.
ローマックス、アラン『アラン・ローマックス選集──アメリカン・ルーツ・ミュージックの探究1934-1997』ロナルド・D・コーエン(編)、柿沼敏江(訳)、みすず書房、2007年.
スミソニアン協会アーカイヴ: http://siarchives.si.edu/
大英図書館音響アーカイヴ: https://sounds.bl.uk/
Akiyama, Mitchell. 2015. *The phonographic memory: a history of sound recording in the field*. Phd. Dissertation. McGill University.
Anderson, Isobel. & Tullis Rennie. 2016. Thoughts in the Field: 'Self-reflexive Narrative' in Field Recording. *Organised Sound* 21(3): 222–232.
Brady, Erika. 1999. *A Spiral Way: How the Phonograph Changed Ethnography*. University Press of Mississippi.
Drever, John Levack. 2002. Soundscape Composition: The Convergence of Ethnography and Acousmatic Music. *Organised Sound* 7(1): 21–27.
Feaster, Patrick. 2015. phonography. In David Novak & Matt Sakakeeny(eds) *Keywords in sound*. pp. 139–150. Duke University Press.
Guida, Michael 2018. Ludwig Koch's birdsong on wartime BBC radio: knowledge, citizenship and solace. In Robert Bud, Paul Greenhalgh, Frank James and Morag Shiach(eds) *Being Modern: The Cultural Impact of Science in the Early Twentieth Century*, pp. 293–310. UCL Press.
Lane, Cathy. & Angus Carlyle(eds) 2013. *In the Field: The Art of Field Recording*. Uniformbooks.
Truax, Barry(ed) 1978. *Handbook for Acoustic Ecology*. A.R.C. Publications.
Truax, Barry. 2019. Acoustic Ecology and the World Soundscape Project. In Milena Droumeva & Randolph Jordan (eds) *Sound, Media, Ecology*, pp. 21–44. Palgrave Macmillan.
Chilton, Martin「Recording Studios: A History Of The Most Legendary Studios In Music」: https://www.udiscovermusic.com/in-depth-features/history-of-recording-studios/

初出一覧

以下の拙論・コラムはその一部を部分的あるいは大幅に加筆、修正して使用した。

柳沢英輔「音が変えるモノの見方――フィールドレコーディングの経験から」『映像にやどる宗教、宗教をうつす映像』新井一寛・岩谷彩子・葛西賢太(編)、せりか書房、2011年、135–137頁.

柳沢英輔「フィールドレコーディングを主体とする実践的な研究手法としての音響民族誌の方法と課題」『文化人類学』86巻2号、2021年、197–216頁.

柳沢英輔「フィールドレコーディング作品とその文脈」『音と耳から考える――歴史・身体・テクノロジー』細川周平(編)、アルテスパブリッシング、2021年、219–224頁.

参考資料

第1章

秋吉康晴「フォノグラフ、あるいは「音を書くこと」の来歴――録音再生技術の着想をめぐる考察」『京都精華大学紀要』51号、2017年、3–30頁.

穴澤健明「アナログディスクレコード技術の系統化報告と現存資料の状況――機械式録音から電気式録音へ、そして長時間化とステレオ化へ」『国立科学博物館技術の系統化調査報告』国立科学博物館産業技術史資料情報センター編、第21集、2014年、1–66頁.

伊東信宏『バルトーク――民謡を「発見」した辺境の作曲家』中公新書、1997年.

片倉佳史『音鉄――耳で楽しむ鉄道の世界』ワニブックス、2016年.

金子智太郎「一九七〇年代の日本における生録文化――録音の技法と楽しみ」『カリスタ:美学・藝術論研究』23号、2017年、84–112頁.

小泉文夫「民俗音楽」『日本民俗事典』大塚民俗学会編、弘文堂、1972年、704–705頁.

佐々木敦『これは小説ではない』新潮社、2020年.

シェーファー、R・マリー『世界の調律――サウンドスケープとはなにか』鳥越けい子ほか(訳)、平凡社、2006年.

清水康行「欧米の録音アーカイブズ――初期日本語録音資料所蔵機関を中心に」『国文目白』50号、2011年、19–29頁.

スターン、ジョナサン『聞こえくる過去――音響再生産の文化的起源』中川克志、金子智太郎、谷口文和(訳)、インスクリプト、2015年.

谷口文和・中川克志・福田裕大『音響メディア史』ナカニシヤ出版、2015年.

鳥越けい子『サウンドスケープ――その思想と実践』鹿島出版会、1997年.

永幡幸司「音環境の調査法――ISO 12913 シリーズに基づくサウンドスケープの調査

事項索引

人名索引

柳沢英輔　やなぎさわ・えいすけ

東京都生まれ。京都大学大学院アジア・アフリカ地域研究研究科博士課程修了。博士（地域研究）。同志社大学文化情報学部助教を経て、現在、京都大学大学院アジア・アフリカ地域研究研究科特任助教。主な研究対象は、ベトナム中部地域の金属打楽器ゴングをめぐる音の文化。著書に『ベトナムの大地にゴングが響く』（灯光舎、2019年、第37回田邉尚雄賞受賞。日経新聞、読売新聞、ミュージックマガジンなど書評、インタビュー掲載多数）。共訳書に『レコードは風景をだいなしにする』（デイヴィッド・グラブス著、フィルムアート社、2015年）。

www.eisukeyanagisawa.com/

フィールド・レコーディング入門
響きのなかで世界と出会う

2022年4月25日　初版発行
2022年8月30日　第三刷

著者｜柳沢英輔
装丁｜大田高充
カバー・扉写真｜エレナ・トゥタッチコワ
編集｜沼倉康介（フィルムアート社）

発行者｜上原哲郎
発行所｜株式会社フィルムアート社
〒150-0022
東京都渋谷区恵比寿南1-20-6 第21荒井ビル
TEL 03-5725-2001
FAX 03-5725-2626
http://www.filmart.co.jp/

印刷・製本｜シナノ印刷株式会社

ISBN978-4-8459-2124-9　C0073